昭和の怪物 七つの謎

保阪正康

講談社現代新書

2484

目次

第一章

東條英機は何に脅えていたのか

秘書官が見た東條

東條英機は、私の世代には悪魔のような存在として印象づけられている。

私の世代、つまり昭和二十一（一九四六）年四月に小学校（このときはまだ国民学校といったが）に入学し、戦後民主主義をきわめて純粋に教えられた世代にとって、その成長過程では太平洋戦争とその指導者は、「負の存在」として教育された。私の周辺では、東條英機を語るときにまるで罪悪人のように話す「大人たち」は少なくなかったのである。

断っておくが、私はそれらの言をある年代までは素直に信じていた。三十代に入ってまもなく昭和史を実証的に記録、あるいは語っていくために、東條英機の「実像」を調べてみようと思いたち、勤めていた出版社を辞め、つごう六年余をかけてその評伝を著した。私には特別に手づるはなかったので、各種の住所録をもとに次々と取材依頼の手紙を出した。二百通に及んだであろうか。幸運なことにというべきだろうが、その八割は取材に応じてくれた。私は野に在り、昭和史の検証を続けたいと思っているのだが、東條英機の実際の姿がどんなものであったのかを知りたいとの打診に、東條の家族や東條と接したことのある旧軍人、政治家、文化人などが「私の知ることは答えてあげよう」と返事をくれたのであった。その中に東條の首相・陸相時代の秘書官だった人物が三人含まれていた。

その一人が軍人の立場で、側近として東條の陸軍大臣、総理大臣、それに参謀総長の姿、そして辞任してから軍の長老として強硬派を代弁する姿、巣鴨プリズンのA級戦犯の現実の姿を見ていた。もっとも長い間、東條の秘書を務めた人物である。それが赤松貞雄であった。

私は昭和四十年代後半から五十年代初め、赤松に十数回会い、彼が見た東條の実像を余すところなく聞いた。そして首相としての東條に仕えていた三人の秘書官、陸軍出身の赤松、海軍出身の鹿岡円平（昭和十九年に戦死）、内務省からの廣橋眞光の日々の公的な職務上の日誌のほかに「東條英機大将言行録」として記述していた秘書官日記もコピーして提供を受けた。もとより赤松は、東條についてば好意的に語るが、私がこのような欠点があったのではないか、こういうエピソードも語り伝えられているが、といった質問をすると、それにときに反論し、ときにうなずくこともあった。本章には私の取材ノートに記されている内容、それも単行本を著すときに用いなかった証言内容が含まれていることを明らかにしておきたい。

血染めの軍服

次代の誰かに、東條を客観的に語っておきたいと赤松が思っていたときに、たまたま私が訪ねていったという奇縁もあって、私や私の世代が批判的な目で見ているのを知りつつ、取材に応えてくれた。まずはその点は、今も私は感謝している。それを前提に赤松の証言をもとに、私の受け止めた戦時首相の姿を明かしていきたい。

赤松は、昭和の初めに陸軍大学校に入学するのだが、卒業後、第一師団歩兵第一連隊の青年将校として、連隊長だった東條英機に仕えたときから、上官、部下の関係になったのだという。赤松によると、東條は中堅将校のころから第一師団長の真崎甚三郎ときわめて良好な関係だったといい、真崎のもとに第一師団の訓練などの様子を確かめにくる軍人には、「それは東條のもとに行って聞け」と言うほど信頼されていた。東條も、真崎に信頼を寄せていた。

ところが、昭和初年代、軍内で皇道派と統制派の対立が深まると、東條は皇道派の真崎に対して批判を強めていった。赤松は次のように語っている。

「東條さんはしだいに真崎さんに不信感を持つようになり、どうもあの人は私心がある、スタンドプレーが多い、若い将校連中をたきつけている、と怒るようになった。それならふつうは黙っていればいいのに、東條さんは見て見ぬふりができないから、真崎さん、そのようなことはしてはいけませんとじかに言う。そうするとまた真崎さんも、なんだこの野郎、生意気だということになり、俺が面倒を見ているのにこいつはどういうつもりだ……となったんだね」

東條は、昭和九（一九三四）年八月に東京から久留米の旅団長に飛ばされてしまう。東條は、荒木貞夫や真崎を仰ぐ青年将校らの皇道派に対して、中堅幕僚を中心とする軍務局長の永田鉄山らの統制派に属し、とくに永田に傾倒していた。しかし皇道派が力を持っている陸軍内部で、東條は久留米の旅団長として軍人生命を終えるだろうといわれた。赤松によると、東條が将来幹部になるだろうと見て、東條の周辺に寄っていた将校たちが、あっという間に離れていったという。

参内する東條首相に従う赤松秘書官（提供：共同通信社）

こういう状況を語るときの赤松は、陸軍の派閥抗争の凄まじさを伝えようとするのだが、東條はその負けず嫌いの性格もあり、軍内では孤立していったという。昭和十年八月に、永田は、軍務局長室で皇道派将校の一人である相沢三郎に斬殺される。このとき東條は、尊敬する先輩軍人の死に衝撃を受け、ひそかに単身、久留米から上京している。赤松の証言によると、永田の血染めの軍服を宿泊先に持ってこさせたという。

その永田の軍服を、東條は自らの軍服を脱ぎ捨てて着ている。そして永田を殺した将校や皇道派への復讐を誓ったというのだ。

この不気味な話は、東條と赤松しか知らない話であった。

「東條さんにはそういう性格の激しさがあった。このときもまさに鬼気迫る様子だったわけだが、東條さんにすれば、永田さんへ忠誠を誓う気持ちをこういう形で表したことになる」

と赤松は話している。軍人にはこんなエピソードは珍しくないのかもしれないが、確かにそれは一般社会で見れば異様な光景である。

二・二六事件が運命を変える

皇道派が力を持っている軍内にあって、東條は内地に置いておくわけにはいかないとみなされ、関東憲兵隊司令官に飛ばされている。満州国の警察権は複雑になっていたが、東條はそれを軍を中心にして憲兵隊が主流になるように変えている。いわば軍官僚として強引にその権限を自らのもとに集中させたのであった。この憲兵隊司令官時代に、東條は何度か「討匪(とうひ)作戦」を行っている。当時の新聞ではこうした作戦を果敢に進める司令官として報じられているが、実際は「抗日ゲリラ掃討」の名のもとに中国人を殺害しているというのが実態だった。

つけ加えれば、この事実は東京裁判では明らかにされていない。まだ調査が充分に行われていなかったからだ。その後、実態が具体的に明かされていく。もしこれらの事実がこの法廷で検事団から持ち出されていれば、東條の責任はさらに拡大し、その影響もより広がっただろうとの専門家の証言も残されている。

東條は関東憲兵隊司令官のあと、関東軍参謀長に転じる。その前年に二・二六事件が起こっている。皮肉なことに、この二・二六事件が東條の出世のきっかけになっていく。赤松はこう証言している。

「私は関東軍時代には直接仕えていません。東京の第一師団にいましたが、青年将校が不穏な動きをしている件については、噂では聞いていましたが、あんな事件が起こるとは思っていませんでした。ただ東條さんに言われて、東京の動きは定期的に伝えていましたよ。青年将校がしだいに図にのっていくのが、我慢できませんでしたし……」

東條の情報係を務めていたということになろうか。

二・二六事件が、陸軍中央から追われつつあった東條の運命を変えることになった、それはどういうことか。事件が起こったあと、陸軍の幹部たちは右往左往する。もしこのクーデターが成功すれば自分はどうなるか、を考えて洞ヶ峠を決めこんだのである。それがこの事件が四日間（二月二十六日から二十九日）も続いた理由であった。こんなときに二人の将官が、誰よりも早く決断を示した。一人が第二師団（仙台）長の梅津美治郎であり、もう一人が東條だったのである。

二人は事件を知るや、すぐに「断固討伐せよ」との電報を本省（陸軍省）に送っている。それは昭和天皇の意志でもあり、二・二六事件は「討伐」される形で終息した。新しく軍内改革が進むが、このときに寺内寿一陸相のもと軍内の主導権を握ったのが、梅津や東條だったのである。彼らを私は、「新統制派」と名づけるのだが、この一派が実質的に太平洋戦争を指導していくことになった。

選んではならない首相像

昭和十三（一九三八）年五月、東條は東京に戻り、陸軍次官に就任している。近衛文麿首相は、陸軍から大臣を誰にするかよりも、まずは陸軍次官に東條英機が就任すると聞かされ驚いている。なぜ陸軍大臣が先に決まらないのか、というのである。このことは東條のように強引で、自らの権限しか考えない軍官僚こそが陸軍を動かすのにふさわしいと陸軍内で考えられていたことを示す。東條が表舞台に出てくることになって、陸軍の政治的態度はあまりにも偏狭になっていく。とにかく強引で、自分に都合のいい論理しか口にしない。相手を批判するときは、大声で、しかも感情的に、という東條の性格は、はからずも陸軍そのものの体質になっていったのである。

このあと東條が陸軍大臣、総理大臣になっていくわけだが、私が赤松と次のようなやりとりをしたことが手元のメモ帖には残っている。

保阪　東條英機という人は、文学書を読んだことがありますか。

赤松　小説のことか？　ないと思う。われわれ軍人は小説を読むなんて軟派なことに関心を持ったら、軍人なんか務まらないよ。（「熊野（ゆや）」という著名な能のタイトルを挙げ）東條さんはそれを読めなかった。私は知っていただけにびっくりした。

大日本帝国の軍人は文学書を読まないだけでなく、一般の政治書、良識的な啓蒙書も読まない。すべて実学の中で学ぶのと、「軍人勅諭」が示している精神的空間の中の充足感を身につけるだけ。いわば人間形成が偏頗（へんぱ）なのである。こういうタイプの政治家、軍人は三つの共通点を持つ。「精神論が好き」「妥協は敗北」「事実誤認は当たり前」。東條は陸軍内部の指導者に育っていくわけだが、この三つの性格をそのまま実行に移していく（その点では安倍晋三首相と似ているともいえるが）。

昭和十年代の日本は「戦時一色」になるが、もし東條以外の人物が最高指導者になっていたら、このような形になったであろうか。

私は赤松の言を確かめながら、日本には決して選んではならない首相像があると実感した。それは前述の三点に加えてさらに幾つかの条件が加わるのだが、つまるところは「自省がない」という点に尽きる。昭和十年代の日本は、「自省なき国家」としてひたすら驀進していった。それは多くの史実をもって語りうる。その行き着く先は国家の存亡の危機である。

常に戦争を訴えつづける

東條英機が、首相に就任するよう昭和天皇に命じられたのは、昭和十六（一九四一）年十月十七日であった。この前後のことを赤松貞雄は秘書官としてよく覚えていた。

この日、東條が首相に就任するということは、陸軍省などの将校には考えられもしなかった。東條自身も寸分もそのような事態を想定していなかった。なにしろ十月に入ってからは、首相の近衛文麿と陸相の東條の対立は抜きさしならない関係に至っていたのである。「十月中旬」までに日米交渉に妥結の可能性がないのであれば、日本はアメリカに対して軍事行動を起こすというのが、この年の九月六日の御前会議で決定した三案のうちの一案であった。これに対して近衛は、やはり他の二案で強調されている外交交渉に希望をつなぎ、「十月中旬」にこだわらずに外交交渉を継続すべきという主張であった。

十月十日ごろから、近衛は東條と二人だけで、ときには外相の豊田貞次郎や海相の及川古志郎を交えて、事態をどうすべきか話し合っている。東條は、豊田や及川と衝突することがあっても、常に戦争を訴えつづけた（ただ東條の言は、九月六日の決定を守れという官僚的な言い方に終始していたのだが）。近衛と東條はしだいに感情的に対立するようになる。十月十四日の二人の会談は、この国の基本線をめぐっての深刻な内容となった。

私はこうした状態を、拙著『東條英機と天皇の時代』の中で次のように書いた。

「（この日）近衛と東條の対立は一段と厳しくなり、近衛は『支那撤兵』を懇願したが、『撤兵とは退却。譲歩し、譲歩し、譲歩しつくす、それが外交というものか。それは降伏というのです』と、東條ははねつけた」

近衛は事ここに至って内閣を投げ出すことを決意する。その旨を天皇に伝える。天皇にはためらいがあったが、しかし近衛の決意は固かった。次期首班は誰か。東條ら陸軍の指導部は陸軍大将の東久邇稔彦（なるひこ）を想定していた。そして十七日に、内大臣の木戸幸一から東條へ参内するように連絡があったというのだ。東條は、天皇からその強硬策に対して注意ないし「お叱り」を受けるのだろう、と考えていたという。

赤松貞雄の自宅は、東京・世田谷区成城の住宅街にあった。その二階の赤松の書斎ともいえる部屋で、私は赤松から話を聞くのが常であった。自宅では赤松はときに和服姿で、私の質問に丁寧に答えてくれた。むろんその姿は今も覚えている。

「私は大臣の秘書官室で、木戸さんからの連絡を受けたわけです。大臣室に行って東條さんに伝えると、顔をしかめていましたよ。てっきり支那撤兵を伝えられると考えたのでしょう。それに対して陸軍としての反論の文書をつくり、かばんに詰め込みました。車の中で東條さんは、おい、お上（かみ）（天皇）から相当激しくお叱りを受けるのだろうな、とつぶやいていました」

ふるえる声で「大命降下を受けた」

そして赤松は、東條が天皇のもとに進み出て戻ってくるまで、宮中の控え室で待っていた。二十分ほどたっただろうか、東條が控え室に戻ってきた。さらに赤松の証言を続ける。

「東條さんは紅潮した顔で下を向いているだけでした。私は天皇さんから、相当に厳しいお叱りを受けたのだなと推測して、ただ黙っているだけでしたよ。すると東條さんは、運転手に明治神宮に行くよう命じたんですね。そして茫然としているだけなので、私がおそるおそる『どうかされましたか』と尋ねたわけです。東條さんは『今、大命降下を受けた』とふるえる声で言われたので、私はびっくりしました」

木戸は、強硬派の陸軍を抑えられるのは逆にその主導者である東條しかいないだろう、この男にこれまでの戦争を主張する政策を変更して事態に対応してもらうべきだ、と考えるに至った。天皇にもその旨を申し出た。天皇もその奇策にうなずいた。「虎穴に入らずんば虎子を得ずだね」と洩らしたことは、歴史的にもよく知られていた。しかしこれは大きな賭けであるということも、天皇と木戸には充分にわかっていたのである。木戸は、天皇が東條に内閣を組織せよと命じたあとに、あえて東條に、これから組織する内閣はこれまでの政策を旧に復しての白紙還元内閣だと伝えてもいた。

東條の車は、明治神宮、東郷神社、そして靖国神社を回り、そして陸軍省に戻った。やはり赤松の証言になるのだが、車内で東條はただ黙したままで、ときに体を緊張でふるわせたというのであった。

赤松から、こうした話を聞きながら、私はしばらくして「軍人として育ちながら、そして陸軍大学校まで卒業して、秘書官という立場であることは寂しくなかったか。つまり不本意ではなかったか」と尋ねた。その問いに対する赤松の答えは当然ながら、陸軍内部にあっては秘書官や副官というのは、軍人としての職務ではないとの空気があり、自分もそう思っていただけに不満がなかったわけではないと正直に語った。

しかし総理大臣の秘書官を務めることで、歴史の動きを肌で知ったことは大いに役立ったとも言っていた。戦後、赤松はその略歴のために、幾つかの不利益を蒙（こうむ）ったと洩らしている。その内容は今となっては記す必要もないのだが、陸軍の将校に好意的なある地方紙の論説委員を務めた時期もあり（といってもあまり書かなかったが、と言っていた）、そういうときはかつての秘書官の立場で、軍事と政治の内幕について何度も筆をとったと話していた。

東條人事こそ陸軍最大の誤り

こうして赤松は、陸相秘書官から首相秘書官となり、首相官邸に身を置くようになった。陸相官邸から首相官邸へとその政務空間を変えた東條を、もっとも間近で見ていたことになる。「東條のもっとも変化した点はどんなところだったのですか」との私の問いに、赤松は少し考え込んでいたがひとたび口を開くと、実に丁寧にその変貌ぶりを教えてくれたのであった。

「東條さんはその後はしきりに『天子様は』という語を用いるようになりました。私は総理大臣であり、単に陸軍の代表者ではない、したがってこれからは外交交渉にも力をいれる、と気負った表情でした。陸軍省の軍務局ではこれまでと同様に大臣にはこういう人物がふさわしいといったリストを作成して、首相になるべき人物にわたすわけですが、東條さんは逆にこのリストを受けとりませんでしたね」

官邸で貴賓室に閉じこもると、次々に大臣候補者を呼び出すのだが、その役も赤松が担った。

赤松によるならば、東條は人事を動かすのが大好きだったという。政務室の大きな机に各省の人事配置図を広げ、「この人物をこっちに持っていき、こいつをこっちに呼び戻す」とか「この男は派手な言動が目立つのでこっちに飛ばして……」という具合に鉛筆で書き込むのを何よりも楽しみにしていたというのであった。

歴史的には、東條人事はかなり問題が多かったと言うことができる。私情がらみの人事、諫言（かんげん）の士より服従の部下、そして何より自分の言い分に一切口を挟まない幕僚、そういう人物が中枢に座ったことが問題であった。

私は赤松の多くの証言を聞いて、昭和十年代の陸軍の最大の誤りは、「人事異動、とくに東條人事にあった」と考えるに至った。明確な戦略を持つ有能な将校、学究肌で軍事は政治の下にあるべきと考える将校、そして何より陸軍の論理そのものが政治や外交のチェックを受けるべきだと受け止めていた将校は、大体が中央の要職から追われていった。そこには駐在武官の体験者たちが多かったが、アメリカに駐在していた経験から、対米戦力比や国としての総合力を説いて対米避戦を訴えた山内正文や磯田三郎などの武官は、ほとんど東條体制からは外されていた。

東條にとっては、このような駐在武官が送ってくる客観的データを伴った報告書は、弱虫、小心者によるものであり、彼らを一定のポストに就かせてはいけないという抜きがたい信仰が、あった。東條にはそのような偏見とも言える思い込みと、ひとたび権力を手にしたら、この国の全権力が自らに集中していると考え込む傲慢さが同居していたのである。

この点について、赤松は東條に高い評価を与えているわけだが、同時に「東條さんはかなり感情的であることは事実でした。とくに自らに意見を伝えにくる将校や幕僚には興奮してどなり返すこともありました。もとより私たち秘書官はそういうふうに叱られた人たちに、一定の共通点があることもわかりました。一言でいうと東條さんを利用しようと考えるタイプだったんです」と語っている。そういう輩(やから)は容易にわかるというのであった。

右翼テロに遭うかもしれない

赤松は、首相官邸にあって東條は「すべての点で合格点をとろうと必死でしたよ」と前置きして語っていく。たとえば施政方針演説なども軍の幕僚がこういう内容で……と伝えにくると、まったくそれを無視する。赤松など限られたスタッフがその下書きをつくり、それを作家・評論家の徳富蘇峰に届けて漢語などを入れてもらい、格調高い文章に仕立てることにこだわったというのだ。東條は難解な文字、読み方の複雑な文字などは充分にマスターしていないところがあり、そういうケースでは、演説草稿にルビをふることもあった。そういう見せかけだけは大いに気を使っていたと赤松は正直に語った。

東條内閣は確かに十月二十三日から、主要閣僚（嶋田繁太郎海相・東郷茂徳外相・賀屋興宣（おきのり）蔵相）を交えて、項目再検討会議（正式には、大本営政府連絡会議）を開いている。戦争への政策をもう一度練り直すという会議である。この会議には、陸軍省の軍人たちが作成した十一項目がかけられ、これをもとに政策の再検討を行うというのである。項目の中には、「対米交渉ヲ続行シテ九月六日御前会議決定ノ我最小限度要求ヲ至短期間内ニ貫徹シ得ル見込アリヤ。我最小限度要求ヲ如何ナル程度ニ緩和セハ妥協ノ見込アリヤ。右ハ帝国トシテ許容シ得ルヤ」（第十項）という内容が含まれている。

これがもっとも重要であった。日米交渉を一定の期間内に妥結に持っていくとするならば、日本はこれまでの要求をどの程度まで抑えることができるのか。たとえば「支那撤兵」や「南部仏印撤兵」、さらには「三国同盟の離脱」などアメリカ側が要求してくる条件にどれだけ譲歩できるのか。日本にとってどこまでが限界点なのか。それらを考えなければならないというのであった。

こうした条件は、真に政策の練り直しのために行うべき内容であったか否かは、判断の分かれるところである。つまり東條も、陸軍の将校たちも、表面上は天皇側の伝えた白紙還元内閣の方向に沿っているとはいいながら、実際は日米交渉がうまくいかない条件を会議で確認しただけではなかったか、と歴史上では顧みられているのである。会議での項目の選択自体、東條や陸軍省の偽装工作ではなかったか、という説は依然として囁かれ続けてきた。

東條の本心はどこにあったのか。

赤松への取材で私は、この核心について何度も聞き質した。

「東條さんは負けず嫌いの人でした。項目再検討会議に出席する前は『陛下のお気持ちに沿って』と純粋でした。しかし実際にこの席で他の閣僚や将校と話し合う段になると、持ち前の強さが前面に出てきて、アメリカなにするものぞ、という考えにとりつかれるのです。実際に、項目再検討会議を始めると、東條は裏切者との声が陸軍省の内と外で出ていきます。大本営の参謀はそういう声の中心にいました」

右翼テロに遭うかもしれない、との判断で東條周辺には護衛の憲兵隊員が常に取り囲むようになったという。

開戦首相による三案

昭和十六（一九四一）年十月から十一月にかけての東條内閣は、きわめて微妙な立場であった。もともと東條は陸軍の強硬派を代表し、戦争への道を進んでいた日本の国策決定にかかわる組織は誰もが東條を戦争政策への推進者と見ていた。

ところが昭和天皇や内大臣の木戸幸一らは、強硬派の東條によって軍内を抑えさせる、そのために東條に対し、これまでの政策を白紙還元して、再度、政策を練り直すように命じていたのであった。しかしそういう事情は国の内外であまり知られなかった。アメリカ海軍とて、東條が組閣したと知って、一時は戦争だという見通しのもとで、兵備を動かすのをためらいつつも、消極的な防衛態勢を全海軍に命じていたほどである。一定の時間を経てから、東條は即時開戦派ではないとわかり、アメリカ海軍は臨戦態勢を解いている。

多くの不明点があったために、東條の真意は理解されなかったということだろう。

東條が開戦首相として歴史に名を残すのは、あえて具体的に日付を挙げるなら、昭和十六年十一月一日だったと言っていいだろう。この日は、項目再検討会議を踏まえて、結論を出す日であった。十月二十三日から三十日までの八回の会議で、日本はアメリカと戦えるのか、石油がないという現実は戦争以外の手段で解決できるのか、といった項目をひとつずつ検証し、その答えを出す日だったのである。三十日の会議で、東條は三案を示し、これをもとに徹底的に議論して、十一月一日には結論を出すようにしようと出席者たち（陸軍省、海軍省、外務省、大蔵省、企画院、参謀本部、軍令部の代表者）に呼びかけた。東條の示した案は、次の三案であった。

第一案　戦争セズ、臥薪嘗胆ス
第二案　直ニ開戦ヲ決意シテ作戦準備ヲ進メ戦争ニヨリ解決ス
第三案　戦争決意ノ下ニ作戦準備ト外交ヲ併行スル、外交ヲ成功セシムル様ニヤツテミル

東條が示したこの案を見て、歴史を俯瞰（ふかん）する立場でいえば、一言で評することができる。これでは項目再検討会議を開く前と同じ選択肢を並べたてただけである、と。東條内閣が誕生して、天皇から白紙還元で検討するようにという意向が示されたのに、それに応えているとはいえない。項目再検討会議に出席している代表者は、外務官僚出身の東郷茂徳と大蔵省出身の賀屋興宣を除いてすべて軍官僚か、東條のように元軍官僚なのである。

戦争を決意するか否かは軍官僚が決めるのだから、たとえ天皇から「なるべく戦争は行いたくない」との言があったとしても、彼らの胸中には「戦争」という言葉以外に選択肢は考えられなかったということだろう。

戦争を決意するプロセス

十一月一日の項目再検討会議の議事録を読むと、この国は戦争という政策に正面から向き合ったとはとてもいえない。午前九時に始まった会議で、海相の嶋田繁太郎が鋼材の割り当てを増やしてほしいと言ったのだが、これに対して参謀総長の杉山元が、「鉄をもらえば(戦争を)決意するのか」と応じている。嶋田はうなずいたことになっているのだが、このやりとりが実に六時間も続いた。そのあと第一案から順次論じていった。軍令部総長の永野修身が「こんな案なんか問題にならない」と言うのに対し、外相の東郷が戦争の開始には消極的な意見を披瀝した。

この会議はつまるところ、第三案の方向に進み、期限付きで外交を進め、それがだめなら戦争を、ということになっていく。東郷が渋るのに対し、杉山は「十一月三十日までに外交交渉がうまくいかないなら戦争」と主張している。すると東條は一日でも遅いほうがいいので、十二月一日ではどうかと間に入っている。参謀次長の塚田攻は十一月三十日以上は認められないと答えている。この「一日延ばす」論争には、そのための根拠があるのかといえば、まったくなかったのだ。次いで日米交渉の妥協案をどこにするかという段階になって、従来の案（中国への期限付き駐兵など＝甲案）に対して、東郷はいきなりもうひとつの案（乙案）を示した。これは外務省の長老、幣原喜重郎などが密かにまとめたもので、そこには「太平洋地域で日米両国は武力発動をしない」「アメリカは年百万トンの航空機用揮発油の対日供給を確保する」となっていた。

東郷がいきなり乙案を示した形になるが、すると杉山、塚田ら戦争を主張する参謀本部の出席者が、これでは南部仏印から撤兵することになってしまう、とても認められないと激高して、会議は怒声を帯びたものになっていく。

日本がアメリカとの戦争を決意するプロセスのこうしたやりとりは、あまりにも児戯に似ていた。私はこうしたプロセスを赤松と確認しながら、なぜ日本は戦争に突入したのか、どこに問題があったのか、東條の秘書官の目で見れば誰に責任があるのか、具体的に質問を進めていった。

赤松は当時の空気を含めてこんな証言を行った（昭和五十年十一月八日取材）。

「会議というのは、日本でははっきり言って、急進論とか積極論のほうがよく通るんです。このときの会議は（午前九時から始まり）翌日の午前二時まで続いたのだが、東郷外相がいきなり乙案を出した。するとだよ、統帥部は騒ぎだした。すぐ開戦だ、残された日はないんだ、それに陸海軍の事務当局と外務省の事務当局との間に事前の打ち合わせもなかったからその怒りはすさまじく、すぐに開戦だと譲らなくなってしまったんだね。私はこの会議のあと、東條さんや武藤（章陸軍省軍務局長）さんから、この間の経緯を聞いて驚きましたよ」

「海軍がノーと一言いえば」

確かに赤松の証言は、幾多の記録文書と異なり、人間の感情を土台にしての会議の空気を語っているので参考になる。私はこのときの武藤の動きを評価する。武藤は杉山や塚田に、あなたたちが強い意見を言っていると、この会議自体がまとまらなくなる。それでは東條さんはお上への責任を果たせない、それで辞職だ、もう一回内閣をつくってやり直すことになる。どうだ、それでもいいのか、と詰め寄ったのである。

「東郷さんの乙案を認めろ。それしか方法はない」

そして武藤は、杉山、塚田、それに軍令部総長の永野らを説得して受けいれさせるのである。

結局、最終的には乙案で交渉することになった。この交渉に備えて、元駐独大使の来栖三郎を特派大使として急遽（きゅうきょ）アメリカに派遣することも決まった。「十一月一日」は、まさにこんな形の会議が行われた日なのだ。外交当局は乙案を持ち出し、それで交渉を行うが、それが失敗に終わったら戦争が始まるという背水の陣の定まった日だったのである。

　こうした会議のとき、東條はどのような状態にあったのか。赤松は「これは僕の想像で当たっていない面もあるかもしれないが……」と前置きして次のように語った。それが今も私には強く印象に残っている。

「東條さんは首相になったらいろんなことがわかってきたらしい。これは戦時下のことになるのだが、あるとき『近衛（文麿）さんが開戦前に自分と対立したときの苦衷は今になってわかる』とつぶやいたことがあった。日本の上層部、とくに陛下を中心とする権力関係、それは複雑な構造になっている。陸軍部内にもいろいろな勢力とつながっている人たちがいる。なぜ海軍は、自分たちの力ではアメリカと戦えないと言わなかったのか、彼らが一言ノーと言ったなら、戦争は陸軍だけでは決してできなかった。確かに東條さんが戦争の方向に引っぱっていったということは認めるけれど、つまりはいいように海軍に利用されたんじゃないかな」

　赤松の自宅で、私は畳の間でときに膝を崩し、ときに正座して、その証言を聞いたのだが、赤松は何度も「海軍がノーと一言いえばよかったのに、それを言わないから戦争になった」とくり返した。実はこの言はその後、陸軍の要人たちからも私は何度も聞くことになる。

赤松はむろん東條に仕える軍人生活だったから、東條のことは悪くは言わない。しかし次のような言い方はした。

「東條さんは軍人としてはアメリカとの戦争やむなしという側にいた。とくに陸軍大臣のときはね。しかし首相になって陛下から白紙還元を命じられ、いわば条件つき首相だった。それで強硬策から転じて戦争より外交に力を入れよ、となった。だがつまりはそうできなかった。これは君、負い目だよ、だからひとたび戦争になったら勝たなければ、との姿勢に転じたんだな」

この赤松の言は確かに一面の真理は指摘しているのである。

政治家としての宿命

東條は首相になって初めて日本の複雑な権力構造を知った。つまり天皇の意思というのはむろん天皇の口から直接に聞かされるのではなく、宮中内部のさまざまなルートから伝わってくる。しかし東條は、天皇の口から発せられた言葉しか信用しない。立憲君主制のもとでの天皇のあり方にほとんど関心を持たなかったということになるのかもしれない。

東條はその言を入れて外交に力を入れ、戦争をひとまず避けようとすればするほど軍内の将校から、民間の国家主義陣営から、さらには戦争を望む強硬派の政治家、軍長老から、徹底して批判される。赤松はそのことを東條自身の「負い目」と表現したのだが、さらにわかりやすくいうなら、陸相時代に率先して「戦争」に針を傾け、そういう世論を代弁していた、そうした「自らの影」に、東條は首相になってから脅えたのである。

ひとつの教訓に触れるなら、政治家（あるいは政治上の指導的立場にある者）は、ある特定の意見を口にしたなら、それを守り続けるべき宿命があるということだ。でなければ、いずれは「自らの影」に脅えることになる。東條は首相として、陸相時代とは逆の立場をとれと命じられたわけだが、そうなるとその出処進退は自ずから二者択一となってしまう。

ひとつは、陸相時代の強硬論に反する態度はとれないと言っての大命降下の辞退、もうひとつは努力を続けるものの、つまりは戦争を避けることはできなかったという時点での辞任（天皇の意を現実化できなかったことの責任をとる形）であった。なぜそのいずれもとらなかったのであろうか。

赤松は私の質問に、「それはいい質問だ」と前置きしてから説明していった。

「これは開戦時の軍務課長だった佐藤賢了さん（東條系の軍人）が戦後になって言ったことと

だけれど、東條内閣は白紙還元なのだから、それまでのすべてを御破算にして条件をひとつひとつ調べていって、本当に日本は戦争できるのかを問うべきだった。どういう結果が出たろうか。たぶん結果は同じで戦争になっただろうということだ。つまりはそれまでの思惑がなんらかの形で噴き出すからね。ということは、東條さんも個人としては必ずしも戦争を行いたかったわけではないが、しかし戦争を進める人たちの代弁役を担うことにならざるを得なかったんだ」

このような意見を聞きながら、私は、東條は日本的な意味での便利な存在だったということに思い至った。

現実に「十一月一日」の項目再検討会議の方向は、見事なまでにアメリカに手の内を読まれ、日本は戦争に突入していった。この四週間近くの交渉のあと、十一月二十七日（日本時間）に出されたアメリカ政府の回答（ハルノート）は、そのことを見事に示していたのである。私見を言えば、東條は前述した二つの選択肢のうちの後者（戦争を避けることのできなかったことへの責任をとっての辞任）を採るべきだった。そして表舞台から消えていくべきだったのである。

なぜ寝室で一人泣いたのか

太平洋戦争の開戦二日前（昭和十六年十二月六日）、首相兼陸相の東條英機は、首相官邸の一室で皇居に向かって正座し、そして号泣していた。この光景はカツ夫人が深夜に隣室の夫の寝室から涙する声を聞き、こっそりと襖（ふすま）を開けて目撃している。夫人は私の取材の折になにげなく洩らしたのだが、実はこれはきわめて重要な場面だった。

赤松貞雄に「（カツ夫人から）こんな話を聞いたのだが」と伝えたとき、赤松はあっさりと、「そういう話は私は当時聞いたことはなかった。しかし充分にありうることだ」とうなずいた。昭和天皇ができうれば対米英戦は避けたいと思っていることを知っていた東條は、それに充分に応えることはできなかったとの負い目を持っていたのだと言う。「負い目というのは、昭和天皇に対してですね」との私の再度の問いにうなずいたあと、赤松は次のような言を足した。

「ひとたび戦争が始まれば決して負けるわけにはいかない。いかなることがあっても対米英戦は勝つとの信念につながったんだ。この点は東條さんなりの判断だが、それがうまくいくか否かは不明であったにせよ、われわれ東條側近としては『勝つ』という一点で、あの戦争と真っ正面から向き合ったことになるわけだ」

私は後続世代として、昭和五十年代初めに東條英機の評伝を書くことの意味には、二つのポイントがあるということが、取材を進めるうちに見えてきた。ひとつは、なぜ日本は勝算もまったくなくなっているのに三年八ヵ月も戦争を続けたのか、という点。もうひとつは、東條は軍事独裁体制を布いてこの戦争を指導したが、その責任は誰が負うと考えていたのか、との疑問であった。東條周辺の軍人や政治家に話を聞いていくうちに、その二点について東條はまったく考え違いをしていることもわかってきた。

しかもこの二点は、昭和天皇への忠誠を誤解していることでもあった。軍事的勝利を得て天皇に御奉公するとの東條の思いこみは、軍人らしい直線的な考えに表れている。太平洋戦争の三年八ヵ月は、軍事上の流れを見ると、「勝利」「挫折」「崩壊」「解体」、そして「降伏」といった五つの段階を経るのだが、東條内閣は「崩壊」のあとに倒れている。この「崩壊」の期間は、連合艦隊司令長官山本五十六の戦死（昭和十八年四月十八日）からサイパン陥落（昭和十九年七月）までを指すのだが、太平洋戦争における日本の軍事的勝利をまったく望めなくなった段階といってよかった。

従って東條は、太平洋戦争が勝算もなく、ひたすら軍事路線を追いかけて失敗するまでの間、政治、軍事上の指導者だったということができる。その期間に、東條は前述の二点についてまったく誤解していたために戦争指導そのものが統一性のないその場しのぎのものになったのである。東條が昭和天皇の真意を誤解して、とにかく「勝たねばならぬ」状態に自らを追いこんだのは、決して責任感があるからではなかった。むしろ無責任だからこそ、「勝たなければならぬ」と思いこんだのである。

天皇であることの目的

私が理解したのは、まさに次の点だったといってよかった。

昭和天皇も他の天皇と同様に、天皇であることの目的は「皇統を守る」点（これが当時は「国体護持」といわれた）にあった。それが自らが天皇であることの目的であり、そのために手段があることを理解していた。手段とは外交、経済、文化、伝統などを通じて、その目的を達成することであるが、この手段の中には戦争も含まれる。昭和天皇が戦争によって皇統を守ることに不安を持っていることを、東條ら軍事指導者は無視したのである。

東條は、戦争に勝てば天皇の懸念する皇統を守ることが可能で、敗れれば国体護持は不可能（というより東條は自らの面子（メンツ）のために勝つことしか考えていない）と思いこんでいた。だからどんな犠牲を払ってでも勝つことのみにこだわったのである。これに対して天皇は、たとえ戦争に勝つにしても国民には多くの犠牲を強いることになる、ましてや敗れれば戦勝国からの要求の前で、「国体護持」などとうてい望むべくもないと判断していた。

太平洋戦争の三年八ヵ月の期間、昭和天皇の心理は常に同じだったのではない。揺れに揺れていて、ときには心理的に追いこまれるような状態になっていく。そのことは実は開戦前から予想できたのである。昭和天皇は、皇統を守るために「戦争という手段」は選ぶべきではなかったと開戦当初から考えていて、しだいに勝ち目がなくなると、早めに戦争を終わらせなければと焦慮に駆られていったというべきであった。

赤松貞雄は、東條首相の考え方を知るためには「東條英機大将言行録」を読む必要があると言った。「ただね、これは防衛庁戦史部に寄託したから、当の私だって借りだすには厄介な手続きが必要で、場合によっては断られることもあるんだ」と補足した。しかし私が、何としてもこれを読んで評伝に組みこみたいと伝えると、赤松はどういう手づるかは伏せるにしても、すべてコピーして提供してくれた。この備忘録（私はこれを「秘書官メモ」と称している）は七冊ほどになったが、私はこの記録を読んで初めて東條英機という軍人がどのような気持ちで戦争を指導したのかが本当にわかった。

そこでこの「秘書官メモ」の中から、東條が首相、陸相、そして最後の五ヵ月間は参謀総長を務めた折の秘書官たちに語った発言を引用しておきたい。なおこの「秘書官メモ」は三秘書官の自筆によって書かれており、拙著『東條英機と天皇の時代』の中でも紹介したが、その後、伊藤隆・廣橋眞光・片島紀男編集『東條内閣総理大臣機密記録』に収められている。

ここに紹介するのは、こんなに乱暴な発言をしていたのか、これほど諸事に無知だったのか、といった内容に満ちているかに見えるが、すべてが事実だったということを付記しておくべきであろう。

「精神で撃墜するのだ」

昭和十六（一九四一）年十二月八日未明、日本軍は真珠湾奇襲攻撃に成功する。この日の夕方、東條は陸海軍の軍人、さらには統帥部の幕僚などの側近を集めて、官邸の食堂で小宴会を開く。その折の発言である。

「（戦果は）予想以上だったね。いよいよルーズベルトも失脚だね」

さらに赤松によれば、この奇襲攻撃はほとんどの者に伏せられていて、東條は、「わが内閣だから秘密は保たれた」と自賛したという。赤松も夜勤を終えて朝早くに帰宅するために官邸を出ようとしていたら、海軍の鹿岡が駆けつけてきて、初めて真珠湾攻撃の成功を知らされたという。それほどまでに秘密が守られたことに、東條は喜色を浮かべていた。

しかし実際にはこうした事実がすべてアメリカ側に暗号解読されていて、筒抜けになっていたのは皮肉といえば皮肉であった。

昭和十七年十月十四日の靖国神社臨時大祭で、東條は遺族に挨拶したあと、奥村喜和男情報局次長のお追従の言に対し、次のような発言を行っている。

「飛行機は飛行機が空を飛んでゐるのではない。人が飛んでゐるのだ。精神が動かしてゐるのだ」

飛行学校を訪ねた折に、君らは「敵機」を何で撃ち落とすか、と問い、高射砲で撃墜するとの答えに、「違う。精神で撃墜するのだ」と訓示している。

昭和十八年六月二日の官邸での夕食の折に洩らした言葉である。

「人は良く自分のことを政治家としても云々と云ふが、自分は政治家と云はるることはだいきらひだ。自分は戦術家と云はるるならばともかくちつとも政治家ではない。只、多年陸軍で体得した戦略方式をそのままやつてゐるだけだ」

このことは、戦争のゆく末に対して、政治家としての判断は特にない、軍人、しかも戦略家として戦いつづけるとの告白である。東條が戦争には政治の判断は一切持ちこまないと宣言したに等しい言であった。

昭和十八年九月九日の発言を見ると、前日に枢軸体制の一角であるイタリアが降伏したとのニュースが伝わってくる。これに対して、かえって枢軸体制はすっきりしたと言い、イタリアについては今後は「敵国」として扱えとも命じている。十日に次のような発言も行っている。

「常々云つてることだが、御上は神格でいられる。御下問があつて、存じませんが調べまして申し上げますと申し上げると、決して追及はされぬ。いやしくもごまかそう等、苟且にも思つては決していけない。有りの儘を申し上げねばならぬ。何事も鏡の如く御存じでゐられる」

東條は、自らの内閣の閣僚が「御上の御神格」に触れるよう、よく奏上せよ、とも命じている。しかしすでに明らかになっているように、海相の嶋田繁太郎などは上奏時には各種の史料や文書を改竄して報告している。東條とてこうまで話していながら、戦況の悪化については詳しくは報告していない。つまり天皇に対して、自らがもっとも近い立場にいるという、「自分にとって都合のいい天皇像」を自らの周辺で説いているということにもなる。

亡国の思想にとり憑かれ

昭和十九（一九四四）年二月二十四日、マーシャル群島方面でクェゼリン島などがアメリカ軍に制圧された後、東條はこの日の夕食の折に発言している。

「物事は考へようで、むしろ敵の背後に我が基地があると考へればよい。而して機を見て両方より挟撃、反撃しなければならない」

アメリカ軍は飛び石作戦で日本本土に近づいてくるのだが、考え方を変えればそれは日本にとっては有利な状況だという言い方である。アメリカ軍との物量差によって、日本は反撃の軍事力もまったくなくなっているのに、このように戦況を常に楽観視するのが東條発言の特徴であった。

次は、この年の四月六日の閣議後の発言である。

「最近東京市内では雑炊食堂が新設されつつあるので閣議後の午食にも雑炊を供した処、総理は『雑炊も結構だが閣議後の食事は充分御馳走をして、閣僚が楽しみに集ると云ふ様に心掛けよ』との御注意あり」

庶民とは異なった待遇で、閣僚たちに奮起を促せという意味であった。

昭和十九年六月の「あ号作戦」の失敗により、日本はサイパンを失う。このときを境に重臣、天皇周辺の人たちの間で、東條を代えなければならないとの声が起こった。東條は「サイパンが陥落したといっても、それは雨水がかかった程度のこと。恐るるには足らない」と豪語している。そして六月二十四日の官邸食堂での昼食の折に、秘書官たちに次のように語った。

「サイパンの戦況、昨今の中部太平洋の戦況は天の我々日本人に与へられた警示（ママ）である。まだ本気にはならぬか、真剣にならぬか、未（ま）だか未だかと云ふ天の警示だと思ふ。今後日本人が更に真剣に頑張らない時はパチリパチリと更に天の警示があるだらう。日本人が最後の場面に押しつめられた場合に、何くそと驚異的な頑張りを出すことは私は信じて疑はない」

東條はこのような精神論を何度もくり返している。戦争とは精神力の勝負であり、五分五分というときには実は六分四分でわが方が有利、六分四分、あるいは七分三分で不利のときが五分五分なのだと何も根拠を示さずに口にしている。東條にとっては、戦争に勝つこと自体が目的であり、それが自分の責任であり、そのために国民にどれだけの犠牲を強いてもかまわない、というのがその戦争観であった。

まさに亡国の思想にとり憑（つ）かれ、判断力を失っていたというべきである。東條の周辺の軍人たちは、その異様さに気づいていなかった。

憲兵隊を動かしての脅し

東條英機が首相兼陸相、そして統帥を担う参謀総長のポストを最終的に退くのは、昭和十九年七月十八日のことである。先述したように「あ号作戦」の失敗により、サイパンが陥落し、日本は軍事的になおいっそう不利になることが予想されたが、それと同時にこの戦争を何らかの形で和平の方向へ持っていくことは東條では無理との判断が、昭和天皇をはじめ天皇側近たちに広がっていたためだった。

これに対して東條側も抵抗しているのだが、陸軍の将校の中にはクーデターを起こして和平派を一掃することを主張するグループもまた存在した。とくに重臣の一人で、東條に反旗を翻していた岡田啓介に対して東條はあからさまに威圧をかけ、命が狙われていると称して、日々の監視を強めたりしていた。

東條が退陣に至るまでの構図を簡単に説明しておくと、まず岡田ら海軍出身の内大臣は海軍内部の和平派（たとえば教育局長の高木惣吉など）と手を結んで嶋田繁太郎海相の更迭に動きだす。このグループは高松宮、鈴木貫太郎、伏見宮などに接触してその動きを強める。この動きを察知した東條は、陸軍の子飼いの部下たち、たとえば軍務局長の佐藤賢了などを動かして脅しをかけていった。しかし、和平に向けた運動は止まらず、むしろ近衛文麿や平沼騏一郎らの要人にも広がっていく。議会にもしだいに呼応する勢力が生まれ、その広がりが東條のもとに伝わった。

東條は「代議士風情が何を言うか」と怒り、憲兵隊を動かして個々の代議士に脅しをかけている。しかし、「サイパン奪回」「嶋田更迭」という要求は、東條のもっとも痛いところを突いていたのである。東條は赤松貞雄や佐藤、それに陸軍次官の富永恭次を使って重臣を次々と訪ねさせ、「東條を倒せば敗戦につながり、そうなれば敗戦の責任は挙げてあなたたちにある」と伝えさせた。

しかしこれは逆効果で、岡田や近衛らはさらに反東條の感情を強めた。海軍内部の反嶋田の声に嶋田も辞意を固めると、東條はここで退くわけにはいかぬと説得している。

東條は現状を打破するため、内閣改造で米内光政、阿部信行らを入閣させる案などを含めた五条件を作成し、木戸幸一のもとに持っていく。天皇の諒解を得たいというのであった。そして結局、木戸を通して天皇に拝謁している。天皇の意見は消極的にその案を認める点にあったが、東條が首相の権力を私議することに注文をつけた節もある。こうして東條延命の問題は、重臣が入閣するか否かに絞られ、そのためにひとつのポストを空ける、つまり現職の大臣を更迭しなければならないことになった。

そこで東條は、商工相の岸信介を代えて、米内の入閣を考えた。岸の更迭は容易なはずで、東條にとっては自在にポストを奪える存在だったのである。だが、岸は東條が説得しても辞めない。その裏には、木戸が辞めないよう説得していて、長州閥が東條を倒したとの俗説もあるのだが、とにかく岸の拒否で東條の計画は頓挫（とんざ）してしまう。その一方で米内も入閣を拒否し、東條は天皇に約束した内閣改造をできず、迷走していく。

岸信介は最大の功労者か

これがひとつの起点となって、さらに幾つかの要因が重なって東條内閣は退陣に追いこまれていった。この間に見え隠れしているのは、天皇は東條の戦争指導にむしろ不安を覚えているということだった。東條はひたすら聖戦勝利のみを訴えつづけるのだが、そこには具体的なプログラムが何ひとつなかったのである。

太平洋戦争を俯瞰するときに、東條内閣の退陣は、さまざまな意味で重さを持っている。東條のような精神論だけの軍事指導者にこの国を任せていたらとんでもないことになるとの不安、それがこのころの政治指導者や天皇、そしてその周辺の人びとには強かったということになる。その上で岸は「東條を退陣に追いこんだ最大の功労者だ」ということが、岸周辺の人びとが現在に至るも語り継いでいる史実である。しかし、はたして本当にそれはあたっているのか。私はこの点に幾つかの疑問を持っていて、赤松に問い質した。その証言を改めて整理して紹介しておきたい（私の取材ノートによると、以下の赤松の証言は、昭和五十年十一月八日の取材時のもの）。

保阪　木戸さんが東條を辞めさせる因には、内府（内大臣）を軽視するということもあったのではありませんか。

赤松　それはあるだろうな。それともうひとつは、恐れ多いことだが木戸さんがこっそり私を呼んで、嶋田は海軍部内で評判が悪いから、辞めさせるように君から東條に進言しろと言われたんです。私は一秘書だよ、そんなこと言えるわけがないと答えたわけです。官邸に戻ったら東條さんから、木戸に呼ばれたようだけど何の話だ、と言われたから、答えたわけです。すると東條さんは、バカヤロー、俺の所に嶋田が辞めたいと言って来たから、めげずにがんばれと言ったばかりだ、と木戸さんに怒りと不信感を持ちましたね。

赤松に言わせると、木戸の赤松への囁きそれ自体が倒閣のはじまりだったという。赤松はこの東條退陣劇の裏側をよく見ていたので、その証言はかなり具体的で内容もまた濃かった。

赤松は、岸の更迭を東條をはじめ、軍人たちはもっとも楽な手段と考えていたと証言するが、そこにはそれなりに理由があった。赤松の証言である。

「東條内閣ができて半年ばかりたったころだが、燃料庁に汚職問題があり商工大臣の岸さんが進退伺を出したんだよ、東條さんに。本来ならそのときに辞めるはずだった人だよ。私は東條さんの特使で、たしか下落合の岸さんの家に行って、そのことで辞めなくていいと伝えに行った。するとだよ、岸さんは涙を流して喜んだよ。あの人は書記官長の星野直樹さんと満州以来、仲が悪くてね、それで星野さんはなんとしても岸さんを辞めさせたがった。それをひとまず東條さんが救った形になっていたんだ」

反東條の包囲網

以下、赤松の証言をもとに、このことをさらに検証していくと、意外なことがわかってくるのだ。

東條はさっそく憲兵隊を使い、岸がなぜ東條の言うことを聞かないか、電話の傍受に入った。さらにこの年の五月からの岸の動向を詳しく調べたという。すると多くのことがわかってきた、と赤松は証言している。たとえば、岸と木戸はきわめて近い関係にあり、むしろ一体であり、その縁で他の重臣との連絡も取っていることがわかってきた。赤松の証言を続ける。

「憲兵情報や警視庁情報は、岸の造反を裏づけることを具体的に伝えてきたし、とにかく岡田とも連絡を取っていたようだ。だんだんとわかってきたことは、岸さんは前面に立っているけれど、実は裏側では反東條の包囲網ができあがっていたんだね。こういうことがわかってきて、私たち若い軍人は何くそと思ったし、ピエロ役の岸さんの演技ぶりもわかった……。東條さん自身はイヤ気がさしたと思う。若い軍人の中には、クーデターだと叫ぶ者がいたのだが、東條さんはもういい、という感じで辞めることになったんだね」

東條には、辞める案と、ここに及んだ上は、天皇の前に進み出て「私に辞めろという意見もありますが、お上の御意図はいかがでしょうか」と申し上げる案を推す者もあった。東條はとくに星野が指摘する後者の案に心が動いたようだが、つまりはすべてが遅すぎるといって辞任に傾いていったというのである。東條はやっと現実に気づいたというべきであった。その分だけ、東條をはじめ軍官僚たちは岸に対して、強い怒りの感情を持っているといえる。

赤松は、燃料庁汚職のときに、東條の使いで辞めるほどのことではないと岸に伝えたとき、「あの人は泣いていた」と言いつつ、「だからこそ東條のもっとも困難なときには率先して辞めさせることのできる駒だったとの見方も、実は浅薄だったということだろうね」と複雑な笑いを浮かべた。その苦笑が、私には今なお記憶として残っている。

さらに私は赤松と以下のようなやりとりをしたことも印象に残っている。

保阪　サイパン陥落で状況は悪化していく一方なのに、東條さんはどうしてこの戦争はまだ負けないと言い続けたのでしょうか。なにか根拠はあったのですか。

赤松　確かに戦況は悪いけれど、日本人はいざとなったらなにくそ、となると東條さんはいつも言っていた。東條さんは、自分は早くそうなってくれと思ってやってきたけれど、つまりはそうはならなかった。今度こそ、そうなる、今度こそ、そうなると東條さんはそう思ってきた。そして今、サイパンが落ちた。こうなって日本人はなにくそとなって聖戦必勝に進むんだ。それなのに自分は辞めなければならん、辛いと言っていたね。

保阪　東條さんはいろいろなところで言っていますけれど、戦争は精神力の勝負、負けたと思ったときが負けと言っています。これは不思議な論理だと思うんですけれど。

赤松　まあ精神論といわれればそれまでだけど、戦争というのは東條さんは、最後まで精神力の勝負だと考えていたことは間違いないと思うね。

理念なき戦争の責任

東條の精神論は、現実の戦力にはまったく裏打ちされていなかった。太平洋戦争三年八ヵ月のうち二年九ヵ月を主導した東條英機の、あまりにも非知性的な発言が「戦争は、負けたと思ったときが負け」という論であった。東條はしばしばこのような言を、議会でも国民との接触の場でも口にしていた。しかし考えてみれば、これほどひどい非知性的な発言はないのではないだろうか。この言に従うと、日本は決して戦争に負けることはないとの意味になる。

アメリカを中心とする連合国から、どれほど叩かれても日本は敗戦を受け入れない。国家が存亡の危機にあっても敗れたとは言わない。なるほど、すると日本は決して負けないわけである。どれほどの損害を受けても敗戦を認めないから主観的には敗戦はなく、つまり国家が滅したにしても敗戦を受け入れていないから戦争に敗れたとはならない。客観的には日本は戦争を続けられる状態ではないにもかかわらず認めないのだから、戦争は続くわけである。

この自己矛盾の中に、東條や軍官僚たちは陥っていた。そして日本軍の司令部の参謀たちは、このドグマのもとで戦争を続けたことになる。戦争を単なる美学、あるいは自己陶酔で受け入れていた日本の軍人たちにとって、戦争とは一体何だったのだろうか。いみじくも天皇側近の一人である侍従がこう口にしていた。

「軍人たちにこの国を任せたツケはこれから五十年、百年も続くでしょう。理念なき戦争を行った軍人たちのその責任は、どれほど問うたところでそこには際限はない。東條英機という軍人を丸裸にしてわかるのは、戦争の真の意味を理解していなかった昭和陸軍の最大の問題が、この軍人に集約されているということなんです」

まさに至言である。

第二章

石原莞爾は東條暗殺計画を知っていたのか

怪物的軍人

昭和期の軍人の中で、石原莞爾という人物は、「特別の人」である。

まず第一に軍人として戦後になって著作集が刊行されているのは、この人だけである。石原莞爾全集刊行会の名のもとに全八巻（八巻目は別巻）が刊行されている。次に戦略思想、戦争学、あるいは歴史観を明確に理論づけしたのは、やはりこの軍人だけだ。現役時代には、「昭和陸軍には上官が部下に持ちたくない将校が二人いた。石原と辻政信である」と言われるほど、自らの意見を明確に口にし、上官といえども納得できなければ平然と論破した。

陸軍大学校では最優秀の成績であったが、この最優秀の者には御前講演の役が与えられた。つまり天皇の前で、陸大時代に学んだ戦略観などを披瀝するのである。しかし石原は天皇の前で軍の首脳を批判したり、日本陸軍の問題点を指摘したりしかねないというので、一番の成績を二番にされたといわれている。そういうエピソードには事欠かない軍人だったのである。

ふつう陸海軍の軍人といえば、軍内でのその歩みを追いかけていけば、評伝はすぐに書くことができる。たとえば、東條英機は、昭和陸軍内部のエリートに類する道を要領よく歩んだだけなので、軍人としての一本道だけを書けばそれで充分にできあがる。ほとんどの軍人はそうである。ところが石原莞爾だけは違う。軍人の道以外にも、石原にはあまりにもその実像に近づくための道が多すぎるのだ。思いつくままに並べてみるならば、軍人の道のほかに『世界最終戦論』などに代表されるような軍事思想家としての道、中国との友好を自らの論としてまとめた東亜思想家としての道、日蓮宗の教学を学び、宗教者として歩んだ悟りの道、石原の戦争論に共感、共鳴し密かに彼を支えた大日本帝国の官僚や将校、それに財界人たちとの交流の道、あえていえば石原を人格陶冶（とうや）の師として仰いだ人たちが描く石原像を守り抜いている人たちとの交流の道、とにかく幾つもの複雑多岐な道を丹念に登りながら、石原莞爾の姿をまとめてみる以外にない。

私がこのことに気づいてから二十五年余が過ぎた。石原は帝国軍人として生きたのだから、むろんその骨格は近代日本が軍人に託した倫理、発想、規範で成りたっている。ふつうの軍人はそれを受け身で身につけているから、すべてが判断停止状態にある。天皇陛下に忠誠を誓うことのみで模範的軍人たりうると考える。

ところが石原は違う。軍人に託された倫理などより、まず自分が十九世紀から二十世紀初頭を生きる日本人だと受け止めるのである。自分はたまたま軍人として生きる道を選んだ。自分には歴史や時代によって託された生き方があるはずだと、能動的に自らの生きる空間で動くのである。これが「日本的怪物」の特徴であり、石原には軍人の殻を破って軍事主導体制下の怪物的軍人たろうとの強い意思が読みとれるのだ。

私は前述のように石原の像を固めるために、石原の持つさまざまな道のその全てを登りながら石原の評伝を書いてみようと試みた。私が支えにしたのは、石原の秘書兼ブレーンの役を果たした高木清寿（きよひさ）であった。高木は明治三十六（一九〇三）年に茨城県で生まれ、早稲田大学政治経済学部を卒業し、『報知新聞』記者となり政治部に属した。昭和八年に軍人の取材を続けた折に、中堅将校だった石原に話を聞いたのだが、その理論の深さに驚いた。同じ日蓮宗の信仰を持つ者として信頼も得て、連日、石原の話に耳を傾けることになったという。石原は、高木の知識や考え方、それに信仰態度を信じ、新聞社を辞めて自らの仕事を手伝ってほしいと頼んでいる。

石原莞爾を書くための三条件

高木は石原のつくった東亜連盟の東京事務所の責任者に転じ、満州国にある東亜連盟や満州国協和会の連絡役も務めた。軍内にいる石原に代わって、軍外の石原思想の影響下にあるすべての組織のまとめ役を果たした。つまり石原を支えた陰の人物といえた。私が高木と初めて会ったのは、昭和五十（一九七五）年九月で、東條英機と対立した石原の当時の立場を確かめるためでもあった。つけ加えておけば、高木は東條政治のあり方を根本から批判するが、むろんそれは石原とほぼ同じ見解だった。

高木とはその死（平成八年）まで、交流を続けた。「君は将軍（高木は石原をそう呼んでいた）の評伝を書け」と勧めてくれて史料の提供も受けた。高木自身、昭和二十九（一九五四）年に『東亜の父　石原莞爾』（錦文書院）を刊行していて、それを参考にして次の世代としてさらに充実させてほしいと言うのである。結局、それを果たすことはできなかったのだが、その理由は前述のように石原莞爾という人物の全体像に達するにはそれこそ七つか八つの道があり、そのすべてを踏襲しつつ石原像を描ききるには膨大な時間が必要とわかったからである。

何よりそれぞれの道の関係者の間が円滑というわけではないのだ。満州国協和会の人物と東亜連盟のある人物とは極端に仲が悪く、「あいつの話を聞くならわしは協力しない」という具合だった。高木からも、「将軍の評伝には、会ったこともない人物、信頼などされていない人物の筆になるものもあるから、そんなものは相手にするな」と叱られた。

石原の著作を読み、二十一年も交流を続けてくれた高木の話をたっぷりと聞き、さらに石原に私淑した軍人の関係者、たとえば堀場一雄の肉親などの話を聞き……という体験を通じて、石原の評伝には幾つかの特徴があると同時に、特別に歴史的な意味合いがあることを知った。それを私は、石原の評伝を書くための三条件と名づけることにしたのである。

（一）石原の質の良い評伝を書けるか否かで次代の者の能力が問われる。
（二）石原の歩んだ人生六十年の道には近代日本の全てが凝縮されている。
（三）石原の発した問いは消えることなく、今もわれわれに答えを迫っている。

あえていうならば、明治、大正、昭和と生きた軍人石原莞爾は、今も私たちのこの時代に生きている。くしくも昭和二十四（一九四九）年八月十五日（敗戦から四年目の記念日）に病死して七十年になろうとする今、私たちは石原の発した問いに答えられるだろうか。私は今回はじめて石原の生きた昭和前期の幾つかの局面を描きながら、現代史上で重要な意味を持つその問いを忠実に浮かび上がらせたいと思っている。そして、前述の「評伝を書くための三条件」という土台だけは固めておきたいのだ。

戦後に何を語ったか

石原莞爾の評伝は、戦後日本にあって高木の『東亜の父　石原莞爾』を筆頭に二十冊余に及ぶのではないか。むろん私はそのほとんどに目を通している。そこには幾つもの指摘すべき点がある。大体は石原を全人格的には書いていない。軍人としての石原であったり、『世界最終戦論』の石原である。これは取材が限定されるためであろう。なかには初めから石原を「神がかり」的に書く評伝もあるが、石原の人間像を説得力を持って描いた書は一、二冊ではないかと思う。多くの書は石原の敗戦までの道筋はくわしく書かれているが、「戦後の石原」についてはさほど触れていない。私はこの点がもっとも重要だと思うので、残念でならない。

こうしたことを踏まえて前述の三条件のうちの（三）についてまず考えておきたい。石原が発している問いとは何か、という点だ。

石原が敗戦の報（ラジオでの玉音放送）を聴いたのは、山形県鶴岡市郊外のある寺だった。この日、講演のためにこの寺に赴いていたというのだ。もとより石原は、日本がポツダム宣言を受諾して「敗戦」を受け入れることは、省部の幕僚から聞かされていた。正午に石原は、ラジオを聴くために本堂の一角に静かに座っていた。放送が終わった。その間、石原は静かに瞑目していたという。集まった人びとの間には、号泣、自失とさまざまな表情があったが、石原は日ごろと同じ口調で、戦争に敗れても東亜の道義は消えるものではありません、東亜連盟の重要性が発揮されるのはこれからです、皆さん、くじけることはまったくありません、とくり返したのである。

石原の戦後の発言は、幾つかの論文や発言集にまとめられている。『石原莞爾はこう語った』という書が昭和四十六（一九七一）年一月に、石原莞爾研究所から刊行されている。この書によると、昭和二十年八月十五日からこの年の終わりまでの冊子や論文名は、以下のようになる。

▽「敗戦日本の辿るべき道標」（昭和二十年八月）▽「中国に罪を謝せ」（昭和二十年八月）▽「満州事変の真相」（昭和二十年八月）▽「理想日本の構想」（昭和二十年十一月）▽「新日本の建設とわが理想」（昭和二十年十二月）▽「世界文化の達観」（昭和二十年十月）

その後も門弟がまとめた発言集などが、九編ほどある。昭和二十二年五月に新しい日本国憲法が施行されるころには東京裁判への発言があり、その後は憲法への自らの見解などを明かしている。こうした発言の骨格を成すのは、「敗戦によって国民は呆然として失神状態にあるようだ。無理のないことであるが、私は少しも心配する必要はないと断言する。後の烏が先になり得るからだ」という点にある。戦争に敗れたのは、アメリカが日本より国力が秀でていたためであり、それを承知で「負けることが分かっている戦争をする馬鹿がどこにいる」と戦時下すでに叫んでいた冷静さがその根底にある。

石原のいう「後の烏が先になり得る」というたとえは、「新日本の建設とわが理想」の中では次のような言い方で説明している。敗戦後に生活の苦労があることを認めたうえで、「われわれは、歴史は今重大な転換期に来ているものと見、後の烏が先になる機会が与えられているものと考えている。血なまぐさい時代ではあるが、世界は正に人類のあこがれである永久の平和が実現しようとしているのだ。日本はちょうどマラソンで一番ビリになった選手のようなものだが、コースが変れば逆に最先頭になる可能性がある。コースは現に変りつつある。決して落胆する必要はない」と書くのである。

「戦争放棄の道を選ぼう」

コースは変わりつつある、というのは、石原によればこのあとにつくられる新憲法を指している。戦争放棄という道を選べというのなら、われわれは堂々とこの道を選んで、世界に冠たる道義国家を目指そうではないか、そのうえでアメリカを見返してやろうではないか、それがコースが逆になってわれわれがいつのまにか先頭に立っているという意味なのである。

石原の戦後の発言はおいおい具体的に紹介していくが、五つの重要な視点を持っている。それを私なりにまとめてみるならば、(一) 東京裁判は犬を裁くのと同じだ、(二) 中国には謝罪する必要がある、(三) 天皇に責任を押しつけるのは自らの無責任を糊塗することだ、(四) 米国の説く民主主義は軍政にすぎない、(五) 新しい憲法は将来を反映しているといった点になる。いずれも当時の国民に冷静に対応を呼びかける内容になっている。

当然ながら石原は自省も書いている。昭和二十四年八月の論文「新日本の進路」の中にこうある。

「最終戦争が東亜と欧米との両国家群の間に行われるであろうと予想した見解は、はなはだしい自惚れであり、事実上明かに誤りであったことを認める。また人類の一員として、既に世界が最終戦争時代に入っていることを信じつつも、できればこれが回避されることを、心から祈っている」

石原の世界最終戦争論とは、東洋文明の覇者である日本と西洋文明の覇者であるアメリカとが、最終戦争を行い、その後に世界に永久平和が訪れるというのであった。その自らの構築した論は「自惚れ」だったというのである。これは、満州事変を自ら考え出したことと自体を自省しているのだが、それとは別に、満州国建国からまもなく中国側の信頼を失ったのは、日本の官僚や軍事指導層が自らの権益ばかりを考えたため、とも指摘している。

こうした事情をすべて押さえたうえで、今、石原が私たちに問うていることは何かという点をこれから考えていくことにしたい。彼が歴史上に提起した問いに私たちが答えていくことによって、石原が歴史の中に存在する意味を持つのである。

東條英機と石原莞爾の対立

東條は陸軍士官学校十七期、石原は二十一期生だから年齢は東條が四歳ほど上になる。二人が犬猿の仲になったのはいつかは定かでないにしろ、昭和十年代には二人の対立は抜き差しならぬ段階にまで行きついていた。その対立は史実として残っている部分もあれば、残っていない部分もある。石原莞爾と東條英機の確執がどれほど軍内に悪影響を与えたか、いや、東條はいかに石原を恐れていたか、その実態を細部にわたって描写し、昭和陸軍があまりにも卑俗な集団と化していたことをも併せて明らかにしておきたい。

極東国際軍事裁判（東京裁判）が開廷してからほぼ一年後にあたる昭和二十二年五月一日と二日、山形県酒田市で臨時特設法廷が開かれた。石原を証人として判事団、検事団が尋問するというのである。最初に石原は、判事団から、この裁判についての見解があるか、あるなら発言していいと言われる。すると石原はすぐに次のように応じた。

「満州事変の中心は自分である。満州建国にしても自分であるのに、なぜ自分を戦犯として逮捕しないのか不思議である」

判事団と共に石原の前に立っていた検事の一人は、「あなたを証人として尋問しているのであり、個人的意見は述べなくていい」と制した。さらにアメリカをはじめ各国のジャーナリストも石原に関心を持ち、この場に取材に駆けつけていたのだが、この意見に納得している。A級戦犯の中には、裏から手を回してなんとか訴追を免れようと試みる者がいただけに、石原の態度はそれなりに説得力を持っていた。つけ加えておけば石原が訴追されなかったのは、日中戦争に反対、太平洋戦争にも反対していたことが明らかであり、東條政権と徹底して対決した点が挙げられる。

　この尋問の折に、判事団から「あなたは東條英機と対立していたのではなかったか」と尋ねられている。石原は、この質問に次のように答えたとのちに語っている。

「対立したということはない。日本人にもそのような愚問を発する者がいるが、東條には思想も意見もない。私は若干の意見も持っていた。意見のない者との間に対立があるわけはない」

　そしてこのときに次のような意見も述べたというのである。

「東京裁判を見るに、日本の戦犯は東條をはじめとして、いずれも権力主義者で、権力に媚び、時の勢力の大きい方について、甘い夢を見ていた者ばかりで、莫大な経費をかけて世界のお歴々が集まって国際裁判に付するだけの値打ちのある者は一人もいない。みんな犬のような者ばかりではないか。アメリカは戦争に勝って、今は世界の大国である。世界の大国が、犬をつかまえて裁判したとあっては、後世の物笑いになる。アメリカの恥だ。裁判をやめて帰ってはどうか」

「思想も意見もない軍人」

石原の発言には確かに毒がある。こういう言い方を東京裁判の検事団、判事団の前で行うのは単に度胸があるというより、自らに強烈な自信があるからだろう。東條に対しても臆せずにこのような言い方をした節があるのだから、ひたすら周囲の人間に甘言を要求する東條とでは、対立して当たり前であろう。

あえて東條と石原の対立の光景を、昭和十年代の二つのエピソードを中心に語っておくことにしよう。この二人の対立は、石原にすれば東條は「思想も意見もない軍人」であり、東條から見れば石原は「軍の統制を乱す軍人」ということになる。東條は軍官僚として、下僚の者は上官、上司の言うことを聞くだけでいいと考えるタイプだから、当然のこととしてそこに抗争が起こったとしても不思議ではない。

昭和十二（一九三七）年九月、石原は参謀本部作戦部長の職を解かれ、関東軍参謀副長に転じた。これは誰が見ても左遷である。言ってみれば日本軍全体の作戦を統括する責任者が、関東軍の作戦を担う参謀長の下に送られたのである。むろんこれはこの年七月から始まった日中戦争に対して、省部が拡大の一色に染まっていくのに抗し、不拡大を主張し続けた石原に対する嫌がらせ、あるいは軍内から追い出そうとの意思があったともいえる。

しかも石原の上司の参謀長には、東條英機が座っていたのである。日中戦争の拡大を企図する陸軍大臣、参謀総長らは、石原を東條の下に置いて、軍内で人望を集めている石原を監視させようとしたともいえた。石原は、「私は陛下の軍人である。いずれの任に就くとも決して左遷ではない」と語っていた。このころから石原の秘書役を担った高木清寿によると、石原は淡々とした心境で関東軍に赴任していったという。

東條と石原は、隣り合わせの部屋で執務をするのだが、二人はめったに顔を合わせないし、執務上の打ち合わせはほとんど副官を通じて行ったという。参謀長、参謀副長の副官だった泉可畏翁(いずみかいおう)は、二人に仕えたときの苦しさをかつて私に語ったことがあった。関東軍参謀たちの起案した書類をまず参謀副長の石原のもとに持っていくと、石原はそれを丁寧に読み、鉛筆で推敲(すいこう)していく。すると、それらの起案文書はたちまちひとつの意思を持つことになったという。

石原は満州国に対して、日本は内面指導権を持っているが、それはあくまでも助言者としての立場であり、その決定には直接は関わらないというのである。それをもとにつくられた起案文書を、泉は東條のもとに持っていく。すると面白いことになる。泉はこう証言してくれたうえに、その経緯を文書化してくれた。

「東條さんは真っ赤な顔をして、石原さんの書き込んだ部分を消しゴムで消すんです。なんとしても石原の書いた部分を生かすまいというわけです。石原さんへの対抗意識というより、人物の器の違いが出ていましたね」

関東軍の傲岸ぶりを批判

泉も軍人だから、二人の置かれた立場はよく知っている。だが東條は、満州国は日本が支配すべき国家と思っている点で、石原とはまったく違ったと述懐していた。確かに石原はしだいに、東條ら満州国に送られている軍人や官僚は、独立国の満州国を日本の傀儡にしている、内面指導権という権利を日本が指導する権利であると都合よく解釈していると強い批判を浴びせることになる。石原は、東條の強権を怒り、さらに関東軍の公費を国防婦人会に割いていると指摘し、東條をより先鋭的に批判した。幾つかの東條の姑息な手法に対して、石原は、東條に面と向かって、「あなたは屁理屈をこねる軍曹のような性格だ」とも言った。さらに石原は満州国内にある協和会や東亜連盟などの講演会にも出席し、関東軍の傲岸ぶりを批判している。東條との間の亀裂がしだいに拡大していった。

石原の批判が軍中央に及んでくるのを防ぐには、石原自身の言動を利用しようとの意思があったのだろう。そして石原を孤立させるための人事を行った。満州国に対する軍の介入を批判する分、石原は関東軍の中でも孤立していったのである。そこには石原の性格が影響していた。石原は、自らのプログラムと異なる方向に向かう満州国やそれを進める日本の軍人が許せなかったのである。

関東軍参謀長、そして参謀副長という立場での二人の対立は、この後も続くが、そこには人間としての地肌の違いが幾つも浮きぼりになってくる面があった。

そしてもうひとつ、二人の対立を表す昭和十六（一九四一）年一月のある光景を書いておこう。陸相となっていた東條英機は、軍内に「戦陣訓」を示達した。日中戦争の長期化により、日本軍兵士は戦争に疲れていた。戦意は落ち、兵士たちの言動もきわめて乱暴になり、軍規を逸脱することが多くなる状況に対して、「死をもって戦え、捕虜になるな」と兵士たちに徳目を説いたのである。この戦陣訓について全国各地の師団長や連隊長などは、兵士に示達していることをアピールするために、さまざまな形の行事を行った。むろんこれは東條の権勢が拡大していくことに応じて自らの存在を誇示する狙いもあった。なかには「戦陣訓レビュー」なる踊りを兵士たちに踊らせて点数稼ぎをする者もいたほどである。

中国との融和を探った東亜連盟

石原はこのとき京都の第十六師団長のポストにあった。この「戦陣訓」が第十六師団に送られてくると、「こんなもの兵士に配布する必要はない」と言って、倉庫に積んでおくよう命じた。石原にすれば、すでに「軍人勅諭」があるのにそれに屋上屋(おくじょうおく)を架すようなものであり、しかも東條の権力補完にすぎない、こんな文書を配布するのは陛下に対して失礼である、とまったく無視した。

実は東條は、この「戦陣訓」を配布する直前の昭和十五年十二月に、石原を予備役に追いこもうと画策したが、軍内には石原を支持する勢力もあり、東條はそういう軍人たちの反東條の行動を恐れた。そこで東條は、石原を関東軍参謀副長時代から協和会や東亜連盟の陰の指導者であったと見て、常に憲兵隊や特高に調べさせていた。石原憎し、の東條の行動はしだいに病理的現象を生んだ。

石原は京都での師団長時代に東亜連盟での講演を繰り返すだけでなく、立命館大学をはじめとする教育機関や街の講演会で、『世界最終戦論』のもとになる講演を行った。いわば石原は軍隊に見切りをつけ、軍外の活動に重点を移す意思を示したのである。石原がつくったといってもいい東亜連盟は、中国との融和や連携を訴え、強硬論一本槍の軍首脳とは一線を画する内容であった。こうしたときの東條の心理をわかりやすく表現するならば、次のようにいえた。東條は東亜連盟の主張を「敗北主義」と捉えたが、それは「東條自身の対中強硬路線に真っ向から反対するように思われたからである。のみならず、それは政府のアジア政策に対して、石原が国民的反対を喚起するのに格好の政治的基盤を与えることになる」（マーク・R・ピーティ『「日米対決」と石原莞爾』）と考えていた、と。

東條と石原の関係は、昭和十六年三月一日に石原が予備役に編入されることで軍内の対立という局面を終えた。しかし太平洋戦争の間、東條は執拗に石原を監視し続け、毎月一回は特高警察の幹部が石原の元を訪れて威圧をかけている。石原は、そういう幹部に「石原は東條打倒を仲間と話し合っているよと報告しろ」とからかっていた。

『戦争史大観』が発行禁止に

二人の対立は、太平洋戦争の期間（三年八ヵ月）にもしばしば繰り返された。予備役に追いこまれた石原はすぐに立命館大学教授に就任して軍事学の講座を持つことになった。秘書役であった高木清寿の証言によるなら、東條の報復を恐れた京都の第十六師団の参謀たちは表向き、石原の退役記念の会を開くこともなかった。この退役を記念し、さらには学生向けの教科書としても刊行された『戦争史大観』を、内務省は発行禁止にしている。石原はこの措置に激怒して、関係機関を難詰している。

そのうえで最終的には、東條に対して強い抗議の書簡を送っている。対米戦争に傾いていく八月、九月までこの抗争は続いた。

この三年八ヵ月での対立の内容を検証していくと、石原の東條への憎悪はきわめて深い。逆に東條の側からの石原憎しの感情も高かった。しかし石原が「大東亜戦争」の評価をめぐって、東條への感情とは別に、この戦争は「世界最終戦争」ではないかとの門弟や共鳴者たちの見方に対して、石原もときにその評価が揺れており、東條との対立も混乱気味になることもあったとつけ加えておかなければならない。すべて「石原が正しい」という見方はできないが、それにしても東條の石原への感情は、ひたすら児戯のレベルであったことは特筆されるべきである。

東條は石原を恐れていたのである。軍内に一定の同調者を持っている石原が、もしなんらかの動きを示せば、自らの立場も危うくなるのではないかという恐れであった。

東條は、立命館大学教授となった石原が大学の中で自らを批判する事態を恐れ、大学に圧力をかけて追放を目指している。そういう動きを察知した石原は、昭和十六年九月、自らそのポストを退き、故郷の山形県鶴岡市に戻っている。立命館大学で東亜連盟を説く石原のもとに集まる学生を次々に逮捕、拘禁したのだから、石原も辞めざるを得なかったのだ。『戦争史大観』が発行禁止になった折、中央公論社から石原のもとにその経緯を認めた書簡が送られている。そこには次の一節があった（書簡は片仮名だが平仮名に直す）。

「（内務省検閲課の大城事務官は）戦争史大観検閲決定の遅延せるは当局の多数の人々まで細心

検閲せるためと詫び、ついに絶版の処断に至りたるものなりと、絶版の理由は如何との問に対しては『一般安寧』並びに『軍秩紊乱』の二点なりと答ありたり（以下略）」

つまり社会の安寧秩序を混乱、破壊する書なので発行禁止にするとの宣告である。中央公論社の刊行した『戦争史大観』は店頭に出ることなく、警察がそれを保管することになった。つけ加えておくとこの保管されていた一万冊余は、陸軍内部の軍人がひそかに持ちだして瞬く間に倉庫から一冊もなくなったというのだ。

田中隆吉からの詫び状

憲兵隊は、石原とそれに同調する東亜連盟の会員に「赤化分子」とか「天皇への不敬行為を働いている」と中傷を浴びせ、石原を日常的に監視するだけでなく、高木清寿をはじめ中枢の会員たちに対してはとくに該当する罪名もないのに警察に呼んでは拘置を続けた。この拘置は高木の場合は前後三回にわたり、長いときでは七ヵ月にも及んだという。東條は憲兵隊を動かす兵務局の局長田中隆吉にその弾圧を指示しているようであった。石原は、その田中に書簡を送り、なぜ弾圧されるのか、発行禁止なのか、それは貴下の意思なのかと問いつめている。すると田中から石原のもとに丁重な詫び状が届いている。このあたりの経緯は、『石原莞爾全集』の第一巻末尾の解説に、高木が詳細な経緯を書いている。それを引用することになるが、田中が石原に送った詫び状全文を読むと、そこには「閣下の烈々たる忠誠の御信念に対しては平素最も感銘しある小生として」といった一節があり、『戦争史大観』について次のように記述している。重要な記述である。

「御著書の件に関しては小生読了。毫も不審の点無之候へども現下の日本の諸公に於て民族問題の判る人は板垣（征四郎）将軍及閣下を除き他は極めて寥々たるものにて、実に遺憾至極に存候」「当分目下複雑極まる環境の中に有りて軍を本来の姿に返すべく努力中にて候へば御支援御願申上候」

なんのことはない。憲兵を動かす部門の責任者が問題ないと言っている。これは昭和十六年九月五日のことだ。石原はこれを読んで陸軍省軍事課長の真田穣一郎に、東條が勝手に権限をふるうのはおかしいではないか、そう伝えるよう依頼している。以下に高木の一文を引用する。

「真田は人も知る正直な人であったから、歯に衣を着せずに石原の伝言通り東條に伝えた。東條の狼狽は一方ではない。真田大佐の前で『なんだ、田中がやれというから俺はやったんではないか』といってたがいに暴露をしはじめてしまった」

高木はむろんこの一事は、東條の責任転嫁と見ている。このあと東條内閣が成立すると、高木は憲兵司令部に身柄を拘束され、「お前は石原将軍の『戦争史大観』を秘密裏に出版しようとしたではないか」と脅されている。田中隆吉の詫び状の話を持ちだすと、短日のうちに釈放された。

「長期持久戦争」に反対

これは太平洋戦争の始まる二ヵ月ほど前になるのだが、東條は日米開戦になったときに石原や東亜連盟のグループが異を唱えることを予感していて、とにかく黙らせようと画策していたことがわかる。実際に石原は、東條のこうした態度を怒り、「東條軍閥は天皇陛下の勅諭に違反している」との批判を行った。

故郷の鶴岡に戻った石原は、この地にあっても各地の東亜連盟の支部での演説会に赴いて、自論の最終戦争論、それに中国との提携による新たなアジア秩序づくりの論を展開している。昭和十六年十二月八日に日本軍が真珠湾奇襲攻撃を行ったとき、石原はとくに東條への批判を行っていないが、こうした戦争は、アメリカとなぜ戦うかという基本的な原則を曖昧にしての戦いであるなら意味がない、との見方を示している（十二月十二日の高知での講演会、演題は「大東亜戦争と東亜連盟」）。さらに軍事的には、これらの一連の作戦については、「国民は海軍の大偉勲に対して感謝の言葉を知らぬ」と海軍を賛えている。こうした認識が実は、状況が進むとともに石原と東條の対立を抜きさしならないものにしていったのだ。

石原は太平洋戦争を二つの視点で捉えていた。第一は東亜連盟の視点である。この戦争は「日華和平」のための戦争である。そのことは高知での前述の講演でも述べていて、和平条約の締結というだけでなく、「軍事同盟の締結」「経済協議機関の設置」を行う機会だと見る。汪兆銘の南京政府に加えて、重慶の蔣介石政府との和平締結だけでは足りない。軍事同盟を結ぶとともに、経済一体化が望ましいという意味になる。第二は、いずれ起こる世界最終戦争（対米国戦）のための今回は事前の戦いのようなものだから、一定の枠内で戦争を収め、いずれ何年か後に来るであろう最終戦争に備えようとの結論を人びとに伝えた。

石原の太平洋戦争下の指摘は、この二点であり、長期持久戦争に持ち込まぬようにすべきとの見方であった。緒戦のこの結果を利用して、中国との和平条約から軍事同盟へと転化させるというのは、確かに石原らしい考え方であった。まさに東亜連盟体制確立のための戦争である。これに対して東條内閣が戦争を始めた理由は、石油供給体制確立からの大東亜共栄圏思想であり、中国との戦争は日本が軍事的に中国を隷属下に置くとの発想からさらに進んで、いわば中国を日本の傀儡政府の如くにしていこうとの考え方であった。そのためには徹底して軍事で中国を制圧するとの方針だったのである。長期持久戦争を覚悟するとの考えから抜けだせなかった。

太平洋戦争が進むにつれ、石原は長期持久戦争になれば日本はアメリカの敵たりえないとの論を繰り返した。昭和十九年六月の「あ号作戦」の失敗、そしてサイパンが陥落するや石原は、もう日本の敗戦は確定的であり、戦争そのものの勝利などありえないとの考えに傾いた。これは真偽不明ともされるが、横山臣平著『秘録 石原莞爾』(昭和四十六年刊)によると、まだ戦況のよかった昭和十七年十二月に、東條は戦況のいいのを背景に石原に面会を申し込んだという。いわば石原を懐柔しようと考えてのことであろう。この面会については高木も認めているし、東條の秘書官であった赤松貞雄も認めているので、石原が東條を首相官邸に訪ねたのは事実であったのだろう。

このとき石原は、時局への協力を求められたのに対し、「あなたには国家を指導したり、戦争を遂行する能力はないので、あなた自身が身を退くことが重要だ」と面と向かって言ったというのだ。この点に関しては、私は石原側の証言が少し大仰すぎると思うが、東條は激高し、二人は物別れの状態になるだけでなく、これ以後さらに露骨に憲兵、特高警察を使って、石原の日々の言動を報告させるようになった。

あえてつけ加えておくが、こうした憲兵隊員や特高刑事の中には、戦況が悪化していくにつれ、東條政権の末期、そしてそのあとの小磯国昭、鈴木貫太郎内閣のころになると東亜連盟の思想に共鳴する者が現れ、逆に権力内部の情報が石原やその側近のもとに集まってくるようになった、というのである。

東條英機暗殺計画

石原と東條の対立は、戦争観の違いや人間的な性格面での闘いといえたのだが、その最終的な抗争は、昭和十九年六月の東條暗殺未遂事件の中にも見えてくる。

この事件は、むろん石原が直接関わったわけではなく、石原自身が計画そのものを充分に知っていたわけでもなかった。ただ決行者たちが石原の影響を受けている軍人であり、民間側から参加することになっていた武道家が東亜連盟の熱心な会員として、石原の覚えもよかったのである。そういう幾つかの要素がからみあって、石原も間接的とはいえこの事件の中に名を残すことになった。

これもつけ加えておくが、東條側近の複数の軍人たちが石原を謗(そし)る理由として、「テロに加担するような軍人」という言い方をなんとか認めさせようとしていたのが、私には印象に残っている。

この暗殺未遂事件は、今も詳細が不明な部分がある。私はやはり昭和五十年代に関係者に会って詳細を確かめた。しかし真相はやはり「藪の中」でもあった。

ただはっきりしているのは、この事件は、支那派遣軍司令部から大本営参謀本部に転任となって東京に戻ってきた津野田知重少佐が、内部の極秘書類に触れて戦況の悪化に愕然としたところから始まる。津野田は今の日本は国家存亡の危機と考え、東條内閣打倒を決意する。津野田は軍内で一定の力を持つ石原思想の影響を受けていた。

東條暗殺未遂事件は、計画を実行する日と東條の退陣の日がほぼ同時期だったために、つまりは史実とはならなかった。しかし昭和史を語るうえで、太平洋戦争の推移と共に東條の暗殺を考える人がいかに多かったかは、改めて知っておく必要がある。こういう人たちは、軍人、華族、さらには昭和天皇周辺の人にまで及んでいる。

なぜそういう広がりを持ったか、といえば答えは簡単である。戦争の悪化は誰が見ても明確なのにいっこうに終戦工作を考えず、ひたすら直進的に戦争政策を進めるのは、まさに「亡国の道」だという批判であった。高松宮殿下の日記を読むと、昭和十九年七月ごろには高松宮のもとにもそういう噂が入っていることが記述されていることに、私は驚いた。そのことを当時の海軍の幹部が、「こういうことは平時の感覚で考えてはいけない。当時は、この独裁者のような人物を倒さなければ日本は大変なことになると、要職にある者のほとんどが考えていたのだから……」と平時と戦時の違いを何度も口にしていた。

柔術家・牛島辰熊

そういう理解のもとに、この東條暗殺未遂事件を語ることにするが、この事件は実はかなりの広がりを持っていた。むろん石原莞爾は中心人物でもなければ、計画者でもない。ただ東亜連盟を指導する一人として、あるいは石原に私淑する門弟たちの計画であったために、不当にその責を歴史的にかぶせられているということはできる。

『木戸幸一日記（下）』の昭和十九年九月二十六日の項に、次のようなことが記述されている。

「東條内閣の末期頃（保阪注・東條首相が辞任したのは昭和十九年七月十八日）より、軍部の一部民間と連絡し、東條内閣〔顚〕覆打倒の陰謀あり、大本営参謀津野田〔知重〕少佐之に参画せりと云ふ。其の全貌は未だ取調中なるが、各方面より断片的に聴き得たる点を綜合するに、

一、石原莞爾中将、浅原健三之に関係し居れり。

一、後継内閣の陸相石原中将、参謀総長小畑敏四郎。

三笠宮、支那派遣軍総司令官。

竹田宮、文部大臣等の筋書あり」

木戸はこれを陸軍内部の上層部のルート（侍従武官長など）から入手したと思われる。こ

れでは石原を中心としたクーデター計画のようだが、いわば東條の影響下にある憲兵隊筋の情報と思える。この中で事実と断定できるものは、大本営参謀の津野田少佐が関わっているということが、辛うじて当たっているということになる。ちなみに浅原健三は労働組合運動の指導者であった。

石原の秘書役でもあった高木清寿に、「この事件の全体図をつかむのには誰に会えばいいのか」と、尋ねると、「それは牛島辰熊さんに決まっている。彼は津野田少佐とともにこの事件の主役のようなものであったから」とためらいもなく応じた。そして紹介状を書いてくれた。

私が東京・目白にある牛島邸を訪ねたのは、昭和五十三年の春であった。それから数回会っているが、私はこの人物に対して尊敬の念を持っている。

牛島は昭和前期の柔道家として名を知られていた。彼は柔道という語を嫌い、柔術家と称していた。なぜ柔道という語を口にしないのかと問えば、本来武道は「死ぬか生きるか」の闘いであり、それを単なる武芸に変えてしまうのは、柔術そのものの堕落だと主張した。昭和六、七年には全日本柔道選士権で連続優勝、十年には牛島塾をつくり、木村政彦、甲斐利之などを育てる。昭和十年代、牛島は東亜連盟に近づき、石原莞爾の直系である軍人の今田新太郎と同志の関係になる。一方で宮内省や警視庁の柔道師範も務めている。

「このままでは日本は滅亡する」

私が牛島と会ったとき、彼は「高木さんの紹介だから会うことにした。東條暗殺未遂事件の件は、私も当事者の一人だから詳しく話そう。ただし条件が二つある」と、応接間のソファに大柄な身体を沈めて鋭い眼光で、私をにらんだ。「その二つとは……」と説明し始めた。

「一つは、私は天皇陛下をご尊敬申し上げているので、私の前では敬語を用いてほしい。もう一つは、石原将軍を私は師として仰いでいるので、師を誇るようなことは言わないでほしい」

私はこの約束にすぐに応じた。のちに知ったのだが、昭和九年五月に行われた皇太子御誕生奉祝御前試合の前に、牛島は肝臓ジストマという厄介な病にかかり、命を失いそうになる。すると昭和天皇はこの柔術家の病を気にしていたのか、「京都の松尾内科に牛島を看せてやるように」と側近に伝えた。牛島は天皇に命を助けられたと思っている。

その牛島は、私が訪ねる一年ほど前に私家版で『志士　牛島辰熊伝』を刊行している。その中にこの暗殺未遂事件についての全容を書いている。もっともこれは牛島の目から見たらという前提だが、しかし前述の津野田少佐と二人でこの事件を起こそうとしたのだから、当然なことに詳細に綴られている。私は牛島という人物を信頼しているので、この書を土台に、その後、聞いた関係者の証言をもとに記述を進めていく。

津野田知重は、昭和十八年二月支那派遣軍参謀に転じた。参謀長は今田新太郎であった。今田は石原莞爾に対してもっとも畏敬の念を示す高級軍人で、しかも東亜連盟の会員でもあった。津野田は今田の人格、思想に触れて強い影響を受けている。加えて支那派遣軍総司令部には、三笠宮殿下がいて、日々接することでゆるぎのない友人関係になった。

その津野田が大本営参謀本部に戻ってきて各種の史料や文書を点検した揚げ句に、「このままでは日本は惨めな敗戦の途をたどるばかりであり、これを防ぐためには、東條武断政府を倒し、軍を粛正して、皇族を首班とする強力な挙国一致内閣を成立させ、国民の団結した力を示して、有利な条件で和平交渉をすすめなければ、日本は滅亡するであろう、との固い信念を抱くようになった」(『日本憲兵正史』より)というのである。

津野田は、大本営に転出した直後に、牛島の家を訪ねている。牛島は今田の盟友であり、津野田とはその縁で何度か会っている。牛島伝(以下、『志士　牛島辰熊伝』をこのように記す)によると、津野田は、「大変なことになっている」と開口一番口にした。戦況の悪化は支那派遣軍時代に聞いていたよりもひどいというのだ。津野田は具体的に日本軍の様子を語っている。

「一例をいうなら、今度九州の防衛に召集した兵隊だ。一挺の鉄砲もなければ牛蒡剣一本ない。丸腰でシャベルを担いでいった。世界中にこんな兵隊ってあるもんじゃないだろう。とてもいかんよ」

東條の外出時を襲撃する

その後、津野田はほぼ毎日牛島の家を訪れることになった。そして次のような言を口にする。

「間違いなく日本は敗れるということだ。だが東條は今もって国民を欺瞞し、勝った勝ったと出鱈目の発表をしているが、全く天を怖れざるも甚しい……」

津野田は大本営内部の情報を牛島に伝えていくのだが、つまりは次のような会話になって意思統一したと牛島は書いている。

「何にしても東條をこのままにしてはおけん」

と牛島の心中は怒りで燃えたぎる。もともと師の石原莞爾を「アカ」呼ばわりし、軍から追い出したことに牛島は強い怒りを持っていた。

「もしどうしても退陣を肯んじないときは？」

この津野田の言に、牛島は、「そのときはおれが斬る！」と言い、津野田も「やむを得ない」と応じた。

牛島の怒りがそのままこの牛島伝には書かれている。引用しておく。

「戦争の見通しを誤って国民を塗炭の苦しみに追い込みながら、しかも彼東條はテンとして顧みないこと、私情においては義兄弟の今田新太郎を戦地に追いやったこと。東亜連盟にいわれない弾圧を加えたことなど、公憤私憤とりまぜて、牛島は一身を投げ出しても東條を血祭りにあげなければならぬこと、ここに固く決心したのである」

そうは考えても、できうるなら昭和天皇の聖断によって東條の退陣が行われるのが望ましい、非合法の手段は最終的であるべきだと考えて、二人は強硬な手段と穏健な手段を打ち合わせている。こうした二人の考えをまとめたのが、「大東亜戦争現局に対する観察」という意見書であった。この一文は、のちに焼却されたが、津野田や牛島らが憲兵隊に逮捕されて趣旨を述べたことがまとめられている。

そこには「東久邇宮殿下による政局担当」「蔣介石政府と直接折衝し、無条件に先ず大陸における兵を引き払うこと」「東條をすみやかに退陣せしめ軍の粛正を図ること」「ソ連を仲介として対英工作を行うこと。そのために満州を中ソ協議の末処置とするのを承認」などの五項目を骨子として、そのほかに東條暗殺の具体的計画として、「東條の外出時を牛島とその配下が襲撃する」などの項目があった。

津野田と牛島は、こうした計画を天皇に近い筋（秩父宮、高松宮、三笠宮など）に伝えていこうということになったというのである。津野田は、襲撃などの具体的計画は省いて骨子となる文書を三笠宮殿下に渡して、天皇に達するように考えた。皇族以外に誰にこうした意見書を見せるべきかを二人は相談している。これも牛島は書いている。

「先ず石原莞爾将軍。牛島は前記の戦略を実施するにはこの人をおいて他に人なしと考えたのである。第二に小畑敏四郎の名が出る。之は今田新太郎少将の最も推奨してやまぬ名将軍で、東條退陣後の内政担当者として予定していた。それに盟友浅原健三、内原訓練所の加藤完治氏。以上の人々にはぜひ一部を配って賛否の意見を求めたい」

昭和陸軍の過ちは人事異動

前述の意見書と具体的行動を記した文書はこうして九通つくられた。これらの人たちとどのように接するか、二人は相談のうえ、石原と小畑には二人が直接訪ねてその意見を求めることになった。鶴岡の石原を二人が密かに訪ねたのは、昭和十九年七月九日である。石原はモンぺばきだったという。「おお、お前たちか、よく来たのう」と奥座敷に通されたというのであった。

二人の意見書を読んだ石原は、「今すぐに意見は言えない。ちょっと考えさせてくれ」

と答えた。隣室で石原は熟読したというのである。しばらくのち座敷に戻ってきた石原は、「内容は結構だ。しかしこれは実現不可能じゃろうと思う。今の状態では万事が手おくれだ」と沈んだ声で言う。

そしてこの日の朝に配られた新聞の号外は「米軍サイパン上陸」を示した。サイパンはB29の基地になって、日本は間断ない攻撃を受けるだろうと予想したうえで、「何にしても打開策は、まず東條を退陣させ、異民族に信をつなぐ統率者を立てることが必要になるだろう」と話したというのだ。さらにこのとき石原は、東條という人物を心底から軽蔑していることをあからさまな表現で語っている。

「あの男は牛か馬のようなもので、屠場に行くまでは、いや殺されなくちゃあ所詮わからん男だよ。自分自身を反省するというような性格は、本来持ち合わせていない人間じゃ……」

こうした言は、二人が考えていた具体的な非常手段に賛意を示したことを意味すると、牛島は考えた。別れのとき、石原は牛島の顔をひたすら見つめていた。この男は本当に東條暗殺を行うつもりか、これが見おさめか、といった表情だったと牛島は書いている。

牛島を通して「東條と石原」の対立を見ていくと、昭和陸軍の過ちはやはり昭和十年代の人事異動にあったということの正しさがわかる。この暗殺未遂事件はさらに昭和の暗部を浮かび上がらせる。追いつめられた東條側近の軍人たちも巻き返しのクーデターを考えていたからである。

皇族方面への働きかけ

二人は東京に戻ると狛江にある小畑敏四郎中将宅を訪ねて、その意見書を見せている。二日間考えさせてほしいとの言のあとに、小畑は二人に、「東條は自分より一期下（保阪注・陸軍士官学校の卒業期）で、その性格とか癖とかをよく知っている。東條という男は連隊長というところが精いっぱいの器で、とうてい師団長たるの人物ではない。その人間が一国の首相にあえて踏みとどまってこの戦局を担っているのだから、日本の悲劇である。東條は一旦こうと思いこんだことは、一般に通用しないことでも無理に押し通す性格を多分に持っている」と言い、いかに首相に向いていないかについて、青年将校の時代からのエピソードを交えて語ったという。

なぜ東條のような大局を見る目を持たぬ者が、戦時指導を続けているのかという疑問は当時の軍人たちの総意であったことは認めなければならぬだろう。石原莞爾や小畑敏四郎らの見解はまさに軍内幹部たちの心理を代弁していた。牛島と津野田は二人の意見を確かめたことで、計画をより具体的に進めることになった。断っておかなければならないのは、石原も小畑も、東條暗殺を全面的に肯定していたわけではない。そのことは改めて確認しておくべきだろう。

次に二人は皇族方面への働きかけを考えた。

津野田は三笠宮と陸軍士官学校の同期生であり、支那派遣軍の参謀として机を並べていたこともあり、日常の付き合いも深かった。そこで三笠宮を通じて天皇のもとへ、東條はすでに軍を代表する任ではなく、しかも戦争指導もひたすら滅亡の方向へ向かっている、なんとしても更迭しなければならないとの意思を伝えるべく動いた。この津野田の動きについては牛島は充分には知らない。ただ津野田から、三笠宮殿下からは兄宮にあたる秩父宮や高松宮に、東條では戦争指導は無理ではないか、早く戦争を収めなければ大変なことになると説いたとの返事をもらった、と聞かされている。高松宮からは海軍内部にあっても、東條の意のままに動く嶋田繁太郎海相は評判が悪い、なんらかの形での改革は必要だとの回答をもらった、とも伝えられている。

暗殺実行寸前に「総辞職」

牛島と津野田は第一段階は円滑に進んでいると判断して、密かに第二段階に歩を進めている。非合法での抹殺である。二人はどういう形で暗殺を行うか話し合った。ピストルや手榴弾などでは手元が狂って失敗することになりかねない。津野田は意外な提案をしたという。牛島の自伝からの引用である。

「それは習志野のガス学校が持っている秘密兵器で、『茶瓶』と称している青酸ガスをつめた爆弾だという。これはガラス製の容器で、戦車の中にぶちこめば、五十メートル四方範囲の生物がたちまち死滅してしまうという恐るべきものだそうである。従って投げた者も、当然死ぬ。だから心中モノだといったのだが、牛島はもとより人を殺して自分が生きていようとは思わない」

これを都合するのが津野田、実際に決行するのが牛島との役割も決まった。どこでどのように投げるか、実際にいろいろな場所を歩いて、ある場所に決めた。このころの閣議は宮城内で開かれているが、その往復の途中で首相の乗っている自動車を襲うのが最適と決めた。

「場所は平河門から自動車で出てくるところを門を出て祝田橋にさしかかるカーブで、車が徐行するところにしようと決心した。丁度、そのカーブのところには、自動車道路に沿って、幅三尺、深さ三尺位の溝があるから、その中に潜んでいて決行するには、うってつけの場所だった。（略）国をあやまる元兇を倒しての死に場所としては、結構すぎるくらいだと思った」

と牛島は書いている。

死を覚悟しての決行だからと、沼津に疎開をしている家族を訪ねて、それとなく最後の別れを行った。そして七月半ばになって決行日を決めるため閣議が開かれる日を調べたり、東條内閣の動向を調べた。ところが七月十八日、所用のため皇宮警察署に赴き、部長室で雑談をしていると、そこの職員が部長を訪ねてきた。そしてあっさりと言った。

「今日の閣議は長びくそうです。警視庁からの報告では、内閣総辞職になるらしいです」

牛島はあわてた。部長との座談ではとにかく覚られぬようにしたというのだ。まもなく、「部長、東條内閣は総辞職です」との報告が入ってきた。牛島は意外な展開に驚いた。東條に信を置いていない、と天皇が東條に明確にその意思を伝えたこともわかった。すべてが牛島たちが望んだ方向に進んでいったのである。牛島はこの不思議な偶然を運命論者としてわりきった。「自己満足であるかもしれない」と書いたあとに、「虫のいい空想と思われるかもしれないが、牛島たちが東條を退陣せしめる合法的手段と考えた皇族を通じてお上からの聖断が、今こそ下されたのだと考えないわけにはいかなかった」とも書いている。

さらに牛島の回想によるなら、皇宮警察から出た折に、閣僚を従えてオープンカーに乗った東條が、坂下門から出て行くのと出会ったという。〈よくもここまで日本を追いつめた元兇！〉というつぶやきが漏れたと書く一方で、牛島も自ら命を捨てずにすんだという思いを強く持った。その気持ちは、自分の命はまさに天皇が救ってくれたとの思いと重なったという。

三笠宮殿下の反論

さてこれが東條暗殺計画の決行を考えた側の記録、そして記憶であった。いわば表の「史実」といえた。牛島と津野田は、決行せずにとにかく東條が退陣したことに祝杯をあげたというのであった。

次の内閣は小磯国昭が担った。牛島は小磯と親しかったのでお祝いにかけつけ、ぜひ石原将軍を用いるべきだと勧めた。小磯も諒解し巻紙で協力を要請し、入閣を依頼するという形で牛島は、鶴岡に飛んでいき石原を説得したというのである。石原は、

「老骨その任に堪えぬと言ってくれ」

と応じなかったとの隠されたエピソードの詳細も、私は聞かされた。

この暗殺未遂事件の「表」にはさらにもうひとつ史実が加わった。駆け足で説明することにしよう。

九月二日に津野田は、出勤途中に憲兵隊によって逮捕されている。暗殺未遂事件が発覚

し、津野田はその中心人物として逮捕されたのだ。牛島も翌三日に、憲兵の訪問を受け、九段の収容所に身柄を拘束された。牛島はなぜこの計画が洩れたのかよくわからない。憲兵隊に収容されている津野田と牛島がすれ違ったとき、津野田は「三笠さん」と小声でつぶやいた。その線から洩れたというのであった。

この三笠宮殿下から洩れたというのは、むろん今も謎だが、戦後になって津野田側の記録（津野田の兄の著作）や一部の憲兵隊の手記によると、三笠宮に憲兵隊が石原将軍との連携で何かを考えていなかったかと尋ねたのだという。三笠宮は驚いて母君の貞明皇后に相談したところ、二・二六事件の折に秩父宮があたかも青年将校と関係があったかのような事実が流布され、皇族が困惑したケースを想定し、その種の書類を持っているならその筋（保阪注・憲兵隊のこと）に渡してほしいと言われたのだという。三笠宮は渋っていたが、やがてそれは憲兵隊にわたることになったという（この説は牛島の回想による）。

結局、津野田や牛島らは軍法会議にかけられる。昭和二十年三月、判士長は「被告らの考えは国事を憂うる真心に発したもので、今日現に被告らの憂えたような状態になりつつある」とその心情をむしろ賛えている。国政紊乱、殺人陰謀といった罪名で、津野田も牛島も禁錮刑（執行猶予付き）を受けている。これで表面上は落着した。

戦後になり、三笠宮の側から洩れたという説に、三笠宮はそうではないと反論したとの説もあった。つまりその点が曖昧であった。平成十七（二〇〇五）年、ある出版社が皇室辞典を刊行したのだが、私は三笠宮殿下の項を執筆した。そして三笠宮説という表現でこの件に触れた。すると三笠宮殿下から出版社に連絡があり、「そうではない」との説明をするというので、宮家を訪ねた。

殿下は応接室で各種の史料（宮内庁にある殿下の行動や軌跡を記録した文書など）を示され、この点は歴史的に誤解が続いているので訂正してほしいとの説明を受けた。私は殿下の反論を聞きながら、この計画は未遂に終わったのになぜ裁かれたのか、殿下は心を痛めていることもわかった。牛島の回想は、むろん三笠宮に確かめたわけではなかったが、しかしそのように信じる理由を一部の憲兵隊員が流しているようにも思えた。私としては、この事件にはさらに深い謎があるようにも思えたのである。

「聖戦完遂」のクーデター計画

そしてもうひとつの「裏」の事実も明らかにしておかなければならない。これは東條が首相、陸相、それに参謀総長も兼ねていたころに、首相、陸相秘書官として仕えた赤松貞雄大佐の証言である。東條は重臣たちの包囲網、それに天皇の不信を買い、つまりは辞任に追いこまれた。結果的に太平洋戦争三年八ヵ月のうちの二年九ヵ月は東條が担ったことになる。

　東條が辞任を決意するプロセスで、東條系の幕僚たちは東條に対して、クーデターを起こし、聖戦完遂を貫こうと進言している。赤松の証言によれば、東條のもとにそういう強硬派の幕僚たちが集まり、そのための手順を相談したというのである。

「省部にはそういう声は大きかった。文書が残っているかだって？　そんな史料をつくる段階には至っていない。ただ反東條の重臣らの身柄を拘束するとか、そういう案はあった。結局、そういうクーデター案は消えた。最終的に東條さんが、陛下に叛(そむ)くわけにはいかないということになった……」

　このクーデター説は、一般にはあまり知られていない史実である。「しかし」というべきだと思うが、東條暗殺計画を利用してそれを防ぐためと称して、東條側が軍事行動を考えていたことは充分に予測される。牛島が語っている暗殺計画に対する東條側のクーデター計画、それは今のところ歴史の「表」しか見ていないということかもしれない。

　もし「裏」側のこのクーデター計画が実際に行われたとしたなら、石原莞爾はまさに幽閉状態に置かれることになっただろう。あるいは東條政権は石原や小畑らを反国家的人物と称して、軍法会議にかけたかもしれない。

第三章

石原莞爾の「世界最終戦論」とは何だったのか

提供：朝日新聞社

世界最終戦争論

石原はどのような形の戦略観、あるいは歴史観で太平洋戦争を捉えていたのであろうか。石原の思想や理論、それに軍人としての発想などをもっとも代表する著作は『世界最終戦論』といっていい。この書に表れた思想は、太平洋戦争とはどのような関係にあるのか、それを確かめてみることが必要になる。

その検証により、少なくとも石原は、昭和陸軍の中で有数の「理論派軍人」であると認めないわけにはいかない。逆にその理論や思想を確かめることで、その論にどういう過ちがあるのかもわかってくるように思う。

『石原莞爾全集』の第一巻に世界最終戦争の理論が収められている。「昭和十五年五月二十九日」に行われた京都義方会における講演が骨格となり、それを何度も書き改めてこの理論は完成したのだが、まず平易に説明しておくことが必要であろう。近世になっての戦争の形態を、石原は整理していくのだが、「世界戦争」をもって人類は戦争と別れを告げると言い、それは「決戦戦争」と名づけられるという。その戦争の単位は「国民の持っている戦争力」を最大限に投入するというのであった。戦法は「空中戦」が主体になるだろうと言い、世界最終戦争のときは、決戦戦争の極限での戦いが要求されると指摘する。

石原は「戦争発達の極限に達するこの次の決戦戦争で戦争が無くなるのです。人間の闘争心は無くなりません。闘争心が無くならなくて戦争が無くなるとは、どういうことか」と問い、次のようにまとめている。

「国家の対立が無くなる――即ち世界がこの次の決戦戦争で一つになるのであります」

世界は統一されるというのだ。突飛と思われるが、理論的には正しいと石原は断言している。そしてこの最終戦争は国民のすべてが参加すると説く。もとより戦う主体は軍隊だが、「かくて空軍による真に徹底した殲滅戦争となります」と言い、「老若男女、山川草木」、それらすべてが壊滅させられる、国民はその惨状に「堪え得る鉄石の意志を鍛錬しなければなりません」とその「参加」の条件を説明している。

では、どこの国とどこの国が戦うのが世界最終戦争なのか。石原はその前段階として、世界は国家連合の時代に入ると予想し、四ブロックに分かれるというのであった。第一はソビエト連邦で「社会主義国家の連合体」、第二は米州で、「合衆国を中心とし、南北アメリカを一体」とした連合だという。第三は「ヨーロッパ」で、今ドイツがその大連合を狙っていると分析する。そして「最後に東亜」だという。現在、「日本と支那は東洋では未だかつてなかった大戦争」を戦っているが、しかしこれは「日支両国が本当に提携するための悩み」と見るのである。

「世界は一つになるだろう」

石原は、第一次世界大戦後の国家連合は、世界最終戦争のための準決勝だと分析している。そして石原は次のように結論づけるのである。この部分は石原の発言をそのまま記したほうがわかりやすいので、『世界最終戦論』の中から引用しておく。

「(前述の)四つの集団が第二次欧州大戦以後(保阪注・このときは太平洋戦争は始まっていない)は恐らく日、独、伊即ち東亜と欧州の連合と米州との対立となり、ソ連は巧みに両者の間に立ちつつも、大体は米州に多く傾くように判断されますが、我々の常識から見れば結局、二つの代表的勢力となるものと考えられるのであります。どれが準決勝で優勝戦に残るかと言えば、私の想像では東亜と米州だろうと思います」

素人考えだがと前置きしつつ、「アジアの西部地方に起こった人類の文明が東西両方に分かれて進み、数千年後に太平洋という世界最大の海を境にして今、顔を合わせたのです。この二つが最後の決勝戦をやる運命にあるのではないでしょうか」と結論づける。

ソ連は瀬戸物のようなもので落とすと割れるのではないか、と見ているし、ヨーロッパは地つづきであり、運命協同体を作ることはできない、すぐに殴り合いを始める、つまりは共倒れになるのではないかと分析する。こうした考えを戦後の石原は、考えが甘かったと自省するのだが、しかしともかく現役の将官として石原は、こういう意見を自らまとめあげ、東亜連盟の会合や講演を頼んでくる日蓮宗関連の団体などでも説くのであった。

　では世界最終戦争は、いつ来るのか。ヨーロッパでの戦争の歴史を見ていくと、全体に軍備の充実や国家間の事情から計算すれば、第一次大戦から五十年内外ということになるとしている。昭和十五（一九四〇）年当時だとすでに二十数年経過しているので、これから二十年から三十年の間に世界最終戦争が行われて世界は安寧の空間になる、つまり五十年以内に「世界が一つになるだろう」と講演などで語っているのである。

　これが石原の説いた世界最終戦争の筋書きである。むろんここにはさまざまな要因が入っている。たとえば石原は日蓮宗の熱心な信者であり、その種の仏法書にはかなり目を通している。その揚げ句に達したひとつの結論は、日蓮の予言は的中するということである。日蓮が『諫暁八幡抄（かんぎょうはちまんしょう）』で、日本国で立正安国の教えが仏教として完成し、やがてインドに返っていくと説き、そのプロセスで、永久平和の基礎が確立すると告げた予言などが石原の論の下敷きになっているともいえた。

日蓮主義の教え

　昭和十六（一九四一）年十二月八日、日本軍の奇襲攻撃により、太平洋戦争が始まった。

この戦争は石原の言う世界最終戦争なのか否か、その点が石原周辺の人たちの最大の関心事となった。

太平洋戦争が始まってまもなく、石原は『国防政治論』を著している。「大東亜戦争」をどのように見るのか、ということだが、この書の中で、石原はあえて「大東亜戦争と最終戦争」という見出しのもと、興味深い事実を書いている。

「三十年後の最終戦争というがもう最終戦争は始まったと、大東亜戦争を最終戦争の如く考えておる人が非常に多いのであります。絶対にそんなことはありません」

と石原は断言するのだ。なぜ違うのか。石原は次々と理由を挙げる。それは結果的にこのときの戦争指導者への批判、とくに大本営参謀たちへの批判になっている。たとえば世界最終戦争とは、決戦戦争であるはずなのに、今次の戦争は持久戦争でしかないというのだ。

加えて世界最終戦争は、王道覇道を求める戦争であるはずなのに、今度の戦争はそうではない。確かに世界最終戦争も初めは利害の戦争で始まるが、その経過において王道覇道を求める戦争に転化していく。しかし、今度の戦争ではそのような変化は起こりえないというのである。

石原はこの王道覇道を求める最終戦争では、思想こそが人間の争いの最後の問題となるはずであり、それが今回は欠けているとしていた。

石原の結論は、大東亜戦争の本質は「英帝国の世界制覇に最後の止めをさすことにあります。それによって、東亜は完全に解放せられ、東亜連盟が結成せられるのであります」と言う。英国の帝国主義を崩壊せしめるのが大東亜戦争であり、アメリカを相手にしているかに見えてそうではないとの意味を含んでいる。石原は、大東亜戦争は世界最終戦争の前段階であり、いわば準備段階だというのである。「即ち、東亜を解放して東亜連盟、東亜大同の基礎を確立すること、それから最終戦争のために作戦の根拠地と必要なる資源を東亜連盟に十分に与えるのであります」と説いている。

世界最終戦争では、日本の「天子様が世界の天子様になられるか、或はルーズベルトあたりの後継者が世界の指導者になるかが決定されるのです」とも言い、そのためには私たちは常に緊張状態でいることが重要だとも説く。このあたりの論では、石原の戦争哲学の中に日蓮主義の教えがあるようで、日蓮聖人は、最初は損得の争いであっても、結局は「正法」の悟りだけが有効性を持つと言っている。この正法が世界最終戦争の思想ということになるのだろう。

「大東亜戦争」は自由主義から統制主義への革新が進められるべきだとも言っている。この点は英米の民主主義体制に対して全体主義国家が勝利することが望ましいと述べたうえで、統制主義時代に入っての指導者には何が求められるのか、そのことを石原は『国防政治論』の中で明確に示している。

ドイツのヒトラーを指導者として注目すべきだというのは当時の日本の識者と同じなのだが、この点では石原もヒトラーの独裁権力を充分に捉えていなかったということになるのだろう。ドイツのヒトラーやソ連のスターリンに比べて、日本に「天皇」という存在があるとしたうえで、最高幹部（一人ではなく数人でもいい）が必要であり、この人物の能力はとくに秀でていることが重要だとする。

東亜の覇者の地位

石原はこの「大東亜戦争」を、「東亜の解放」が目的であり、資源の確保は主目的ではないとも断言する。このことを間違えてはならないと説くのだが、これは当時戦争指導にあたっている東條軍閥に対する批判、あるいは不満とも読めるのだ。本音をいえば、といった筆調で石原は、東亜連盟に集まっている者は、「支那事変解決前にヨーロッパ戦争の起きるのをなんとか喰い止めたい」と思っていたという。東亜の解放、東亜の連携によって、そして東亜の資源は東亜の国々が利用する体制をつくった段階でヨーロッパで戦争が起これば、東亜の国々が東亜を支配しているヨーロッパ諸国を駆逐することができるというのであった。

現実に「支那事変の解決出来ぬうちに」第二次欧州大戦が起ってしまい、石原たち東亜連盟の者が描いていたプログラムは崩れてしまった。東亜の解放ではなく、資源の確保を目的とした戦争指導を行えばどうなるか。満州国や中国に軍事力を進め、その制圧地域を広めると拙速にその地に入りこみ、すぐに利益に結びつけようとする。これではまったく国家的利益にならないと主張し、次のような論を展開している。

「(制圧地域には)石油、ゴム、錫等日本の大東亜戦争遂行上有効なるものは沢山ありますが、日本人が今日考えているように、南洋を、我々の支配下に入れれば、戦争中の物資不足を全面的に解消し得るように考えたら、とんでもない大間違いであります」

「大東亜戦争」を進めるにあたり「日満支を中心」としていく、そのためにはこの三ヵ国の五億の「人」を中心に、東亜全域の解放を行い、そして独立国と見て日本と互恵の関係を結び、世界最終戦争に備えるべきと主張した。石原のこの構想は「日満支を中心」に、東亜の覇者の地位を固め、そして西欧と米が戦い、米が勝って東亜と対峙するというのが骨格となっていた。

「大東亜戦争」が始まってからの石原は、どこの講演でも「支那事変の解決」を訴えている。それは軍事的な解決ではなく、政治的な解決を急ぐべきという論でもあった。しかしその内実を確かめていくと、石原の論の中には、世界最終戦争の前哨戦としての「大東亜戦争」に対して、現実にどのような手を打つのかという点が著しく欠けていた。

盧溝橋事件

日中戦争の契機となる盧溝橋事件については、今は史実としても充分に語られていて、その内実は詳細にわかっている。あえて経緯をなぞっておくと、昭和十二（一九三七）年七月七日の夜、北京郊外にある盧溝橋付近で演習中の日本軍（支那駐屯軍）とやはり駐屯中の中国軍の間に銃撃戦が起こった。日本軍に向けて発砲があり、それに応じて日本軍が中国軍に応戦したといわれるのだが、日本軍に特別の被害はなかった。ただし、両軍の間に戦端が開かれる空気が醸成されていた。ともかく現地の日本軍と中国軍の間にひとまずの停戦は成り立った。

ところが盧溝橋付近で日中両軍が衝突したとの報は、日本政府や大本営をいたく刺激することになる。当時は近衛文麿内閣であったのだが、中国政府が日本の権益を侵害したと判断し、強硬に対応していく。現地での停戦交渉を無視しての判断でもあった。もとより中国の蔣介石政府は自国領土内での日本の挑発とみて、国家的威信を守るための対応を明らかにすることになる。

こうして七月の終わりごろには、日本軍が華北全体に兵を進め、いわば戦火は拡大していく。もともと盧溝橋事件の報告を受けた中央の省部の幕僚の中には、この機を通して中国に一撃を与え、華北地方を制圧するとの案が有力となっていた。それが満州国の権益を守ることになるとの判断があった。このあたりの事情を調べていくと、省部の中には対ソ戦が本来の日本軍の目的なのだが、そのためには華北、満州を日本の権益にしておいて、本来のその目的に対応しようとの狙いもあった。

この強硬策を企図するグループは拡大派と称されている。一方で、日本は対中戦争を進めるだけの国家的軍事力はないとの主張を持つ不拡大派があった。もっともこの分け方は明確な基準があるわけでなく、この事件を利用して中国に一撃を与え、その抗日の姿勢を改めさせるという一派と、中国政府と本格的に戦闘になれば長期持久戦争になるのだから、不拡大のほうが得策という考え方の対立であった。もともとは戦術の違いだったのである。

この拡大派と不拡大派の区分、つまり幕僚たちがそのいずれかであるかを判断するには、実は簡単な尺度があった。マサチューセッツ大学教授のマーク・R・ピーティは『「日米対決」と石原莞爾』の中で書いている。

「参謀本部や陸軍省の将校が、石原の対中自己抑制政策に賛否いずれかであったかによって、容易に分類できる。というのは、日中戦争勃発当初から、局地戦闘に喰い止め、日本軍の本格的導入を防ごうと命令して、敗れたのが、他ならぬ石原であったからである」

「日中不拡大方針」で孤立

すでに知られているとおり、参謀本部作戦部長であった石原が不拡大を説くのに対し、石原と対立関係にあった作戦課長の武藤章は、拡大派の急先鋒であった。武藤は石原に対して、「われわれは閣下が満州事変のときに行った主張をくり返しているだけです」と皮肉を口にした。不拡大を主張する石原は、辛うじて河辺虎四郎や堀場一雄、高嶋辰彦らの戦争指導班の幕僚とともにその説を広げようとしたが、次々とその牙城（がじょう）は崩され、石原は孤立する状態になっていった。

すぐに現地に三個師団を増派して中国軍に一撃を、という武藤や陸軍省軍事課の田中新一らの主張に対して、石原は当初はためらっていた。しかし結局、渋々と承認している。中国軍三万人が北京に向けて北進している。一万人を超える残留邦人の生命を守らなければ、という説を安易に信用したのである。こうしたことを捉えて石原は不拡大派ではないとの説もあるが、あえて当時の石原の立場についてつけ加えておけば、石原は参謀本部の決定主務者だったことが挙げられる。参謀総長の閑院宮（かんいんのみや）は決定には関わらず、参謀次長の今井清は、当時重病で執務不能だった。作戦決定は作戦部長の石原に全責任がかかっていた。省部の拡大派が揃えてくるデータ（たとえば「三万人の中国軍兵士が北上中」などは、反対派幕僚はそれは見た目にすぎず、根拠がないと主張していたが、その見方は例外的であった）の前に拒否する理由がなかったのである。

石原は七月、八月と事態が進むにつれて、自らの意見と職務上の立場との板挟みの状態になった。作戦部の執務室に簡易寝台を運びいれて執務を行う状況になり、肉体の限界にまで追いこまれている。参謀本部内では、石原の健康状態を案ずる声もあがった。しかし石原ら不拡大派はしだいに孤塁を守る形になり、省部の内部では浮きあがった存在になった。

その間に華北での日本軍は、制圧地域を広げ、「戦争」という語を用いず、「事変」を用いている矛盾も顕わになった。日本は政治においても軍事においても明確に国家意思が表れず、ただ揺れているのみだった。石原もその状況に対峙させられていた。前述のピーティの書はそのあたりの石原の姿を的確に語っている。八月、九月の姿である。

「石原は依然として聴く耳をもつ者に、局地戦と早期交渉の方針を説き続けた。来る日も来る日も、石原が大股で廊下を歩き回る姿がみられたが、極度の疲労のために、彼の姿勢は猫背になっていた。そして、人に会えば、必ず戦闘拡大阻止を力説した。武藤との関係は犬猿の仲となり、二人は、部下の前で互いに怒鳴り合うようになった」

九月には新しく参謀次長になった多田駿（はやお）とともに、ドイツの駐在武官大島浩に宛てて電報を打ち、ドイツ政府に交渉の仲介をする気があるか尋ねさせている。大島からの返事はなかった。無視された節があった。これは、後述するがこの年十一月から始まるトラウトマン工作（ドイツの駐華大使トラウトマンによる和平工作）の伏線になっている。

九月末に石原は作戦部長から、関東軍参謀副長に転じることになった。参謀長は東條英機であった。これは陸軍大臣の杉山元や陸軍次官の梅津美治郎ら拡大派の報復ともいえた。東條と対立させ、陸軍から追い払って予備役に編入させる意図を含んでいた。前記のように、石原と東條の対立は、副官の泉可畏翁が証言したとおり、抜きさしならぬ関係になる。その背景には拡大派と不拡大派の構図があったのだ。

軍事をコントロールする「政治」

さて、以上のような流れの中で、石原の説いた日中戦争不拡大の意図はどのようなものであったのか、そのことを充分に検証しておかなければならない。

これは私の見方になるが、石原が省部の中で孤立していく様は、まさに昭和陸軍内部の〈政治と軍事〉の対立ともいえた。拡大派は軍事一本槍での対中政策によって、事態を収拾しようとし、つまりはそれに失敗している。不拡大派は政治解決（石原は近衛首相と蔣介石主席との和平会議まで考えて根回しを行った）によって、日中提携を企図していた。まさに軍事より政治にと傾いていったのだ。そして、石原の動きにも両者の対立が反映している。

もしこの期に、石原の考え方やその戦略が日本の国策になっていたら、日中戦争の展開は史実とは異なった形となっていたであろう。少なくとも日本にも、軍事をコントロールする「政治」の存在がより明確になっていたと思われるのだ。では石原の「支那事変の解決」とはどのようなものだったのか。それは「大東亜戦争」とどういう関わりを持つのか。そのことを整理しておかなければならない。

石原の著作集の中に「東亜連盟運動」と題する別巻がある。これは石原が昭和十九年に自らがまとめて一冊の書として刊行しようとしていた原稿だが、関係者の手元で眠っていた。それが全集刊行時（昭和五十一年）に発見され、三十二年ぶりに明らかにされた内容である。この稿の中に「支那事変の解決」があり、作戦部長時代のメモを手に石原が昭和十五年にまとめたもののようである。ここで石原は日中戦争を二つの視点で捉えている。

「満州事変勃発当時は東亜に於ける赤・白帝国主義者の力不充分であり、実力を以て日本を防ぐる自信なく、僅少の犠牲の下に満州建国の大事業を遂行し得た。併（しか）し、此の大成果を中国及び世界に承認せしむる為には日本の国力亦不充分で、事変の根本的解決を見るに至らず、日華間は上海及び塘沽停戦協定に依り休戦状態となったが、日本は満州事変以来今日迄十年に亘る対支、英、米、ソの持久戦争的状態下にあったのである。支那事変は休戦状態が破れたに過ぎない」

石原に言わせると、日本は満州事変以来、中国をはじめ各国と持久戦という状態に入っていて、盧溝橋事件は休戦状態が破れたのだということになる。ただし満州事変以後に建設された満州国にあって、石原のつくった東亜連盟は、「民族闘争より民族協和へ、日華抗争より日華親善への大道を身を以て体験」してきたという。これがそう簡単に実現するわけでなく、「支那事変」はその実現のプロセスで起こったとの理解になる。

「皇道の大義」に反する

近衛首相の発した昭和十三（一九三八）年一月の声明（「爾後国民政府を対手とせず」）により、中国との連携を主張する満州国の日本人もまた実態がわからなくなったというのだ。事ここに及んでは、事変解決には日本と中国の妥協が必要だとして、それは次のような内容だという。

（一）中国は日華両国民の共同経営地たる満州国の成立を祝福し、日本国は中国内に於ける政治的権益を全部撤回し中国の独立完成に全幅の協力をする。（満州事変の解決）

（二）日華両国は東亜連盟の方針に基き、真の大同、即ち国防の共同、経済の一体化を成（なる）可（べ）く速かに実現する為満腔の赤誠を傾注する。（昭和維新の方向確立）

この二大方針で政治解決を図るというのであった。両国がこの方針で妥協したなら、軍事の「支那事変」も解決するというのであった。むろんここには石原の説く『世界最終戦論』における「日支提携」の構図が背景にあるというべきだろう。石原はこの点を日本と中国との間で綿密に話し合うことを考えていたといっていい。

中国が日本に対して不信感を持っているのは、第一次大戦の折に日本側が中国の袁世凱政権に二十一ヵ条をつきつけたことにある。しかし、この傲岸な要求を「中国は其の統一の原動力としてこれを活用し、諸外国を排日に動員する為の有利な武器」としたというのだ。石原は、日本のこういう「覇道主義者の方式」に強い批判を浴びせている。

石原は、中国に日本軍が駐屯することは中国の人びとを怒らせるだけでなく、日本にとっても「有害の存在」となり、「皇道の大義」にも反すると批判する。石原は自らの示す二案について、中国側は納得するであろうかと問い、中国人が真剣に事態に向きあったときは、その歴史の重みが生かされてくると考える。日本軍が中国に入っていくことで、中国人はより真剣に事態と向きあい、その多年の歴史上の遺産をもとに日本の心ある人びとと向きあうはずだ、と説くのであった。自らのつくった東亜連盟、そしてその思想は中国人の間にも一定の理解を得たと言って、北京には中国東亜連盟が起こり、広東でもまたその動きが起こっていると説く。汪兆銘を中心とする東亜連盟中国同志会も旗揚げしたというのだ（その後、南京に汪兆銘政権がつくられている）。

石原は中国の人びとを説得すれば、理解は得られるはずと言い、問題はむしろ日本側にあり、戦勝気分に酔っている日本人こそが責められるべきだと補足している。和平が実現しないのはその点にあるというのだ。

むろん石原のこういう見方が、中国でどう受け止められたかという検証は必要である。汪兆銘政権が戦後「漢奸（かんかん）」扱いされたことはその検証のひとつにもなるのだが、しかし、当時の蔣介石政府の国民党政権の受け止め方に、私は興味を持っているのである。

石原の「二・二六扇動説」

一般的にいえば、ある人物の軌跡を追いかけるには青年期、壮年期と辿（たど）っていくのが普通である。その手法によって、その人物はなぜ歴史に刻まれる当事者になったのだろうか、ということが明らかになってくる。いわば因果関係をわかりやすくなぞっていくとの意味にもなる。

　ところが石原莞爾の場合には、その手法とは別に石原の辿りついた地点から出発して、そこにゆきつくまでにどのような葛藤や懊悩（おうのう）があったのか、私はそれを見つめてきた。石原が自らの力で獲得した最終戦争論や東亜連盟論などの体系をつくりあげていくプロセスも考えてきた。この項では、石原と二・二六事件について記述してゆこう。この事件により、参謀本部作戦課長・石原はどのような立場に追いこまれたのか、その枠の中で石原が決して不明朗な動きを示さなかったのはなにゆえなのか、それを検証してみたい。

　初めに二・二六事件を通して、石原の動きには二つの解釈があることを紹介しておく。事件は、二十人余の青年将校とそれに率いられた下士官と兵士千五百人ほどが首相官邸など重要な国家機関を襲撃し、斎藤実（まこと）内大臣や高橋是清大蔵大臣、教育総監の渡辺錠太郎らを斬殺して自らの要求する親軍部内閣を組織せよと要求した、いわばクーデター未遂事件である。この事件に対しては、天皇は侍従武官長の本庄繁へ一貫して反対を訴え、その討伐がうまくいかなかったら自分が先導して青年将校を断固討伐するとの強い意思を示した。

　天皇のこの意思に対して、陸軍省や参謀本部の軍事指導者は当初はあまり重視しないで無視する態度を決めこんでいた。天皇は軍事上の大権を持ち、事実上近代日本の軍隊は天皇を大元帥とするヒエラルキーを確立したのである。にもかかわらず指導者たちは、自身の計算を優先させて断固討伐をためらっていた。二・二六事件が、昭和十一（一九三六）年二月二十六日から二十九日夕方までの四日間を鎮圧に要したのは、天皇の意思が無視された結果ともいえたのであった。

石原は参謀本部作戦課長として、そして二十七日からの戒厳令が公布されてからの戒厳参謀として一貫して断固討伐の側に立った。この姿勢は明確であり、まったく揺るぎのないものだったとの証言は、やはり同じ戒厳参謀たちの手記によって明らかになっている。これが二・二六事件時の石原の動きを評する第一の声である。一方でこれに対抗するように第二の声がある。その声は「後年、陸軍を正面から鋭く批判する者は、石原が二・二六事件を粉砕するのに一役買ったどころか、むしろ、それを扇動し教唆したのだと断言している」（マーク・R・ピーティ『「日米対決」と石原莞爾』）、との意味を含んでいる。この第二の声は、ピーティも指摘するようにこの四日間に石原の果たした役割が「複雑怪奇」であったからにほかならない。その複雑な行動の裏側には、石原なりの計算があったのではないか。ピーティは、「二・二六事件を、迅速に威嚇的に利用することによって、自己流の昭和維新を実現しようと試みた」と分析している。決定的な行動には至らなかったが、石原は胸中密かにそれを企図していたのではないかと私も見ているのである。

真意を窺わせまいとする思惑

この第二の声は、戦後すぐの昭和二十一年二月にジャーナリストの岩淵辰雄が、『日本週報』に原稿を書き、石原は青年将校の反乱の空気を醸成したと明かしたのが第一弾である。この見方に刺激されたのか、たとえば外務大臣の経験者である重光葵(まもる)は、その回想記(『昭和の動乱』)の中に、石原は事件当時、青年将校をおだてた節もあると書いている。この第二の声は、軍内部にあっては石原に反感を持つグループが主張したり、重光のように直接に情報に接していない者が書いたりといった形になっていて、必ずしも真相とはいえない。

逆に前述の第一の声で、当時石原とともに戒厳司令部に籍を置いていた戒厳参謀の松村秀逸は、その著(『三宅坂』)の中に、二・二六事件が皇軍相撃つ状態にならずに終結を見たのは、「私は、石原さんが、何等迷うことなく、躊(ため)らうことなく、実力をもって解決しようとした決意と実行力とに負う所が多いと思う。言葉を換えて言えば、石原の勇気が東京を救ったのである」と褒め賛(たた)えている。二・二六事件の鎮圧の側にいた軍人たちは、この松村に代表される見方にほぼ一致している。

第一の声と第二の声は以上のように両極端に分かれるのだが、あえてここでつけ加えておくなら、石原の動きには余人に真意を窺わせまいとする思惑が宿っていたのではないか。石原は自らの信念や考えは、他の軍人よりはるかに確固としている。右顧左眄するタイプでもない。そこで第一の声どおりに石原が青年将校の大権干犯の行為を怒り、断固討伐の側に立っていたことは間違いないにしても、その収束の方向の折に密かに自らの目指す国家改造を目論んだことは充分にありうる。

そこで石原はこの日（二月二十六日）以後、どのような行動をとったか、そのことを大まかに確認しておこう。

二月二十六日の午前七時、石原は当時両親や弟と住んでいた戸山ヶ原の自宅で電話を受けている。陸軍省新聞班に籍を置く鈴木貞一からである。この電話によって、第一師団の第三連隊などが陸軍省と参謀本部を占拠し、要人が暗殺されたと知らされた。前年八月に仙台の歩兵第四連隊長から参謀本部の作戦課長に転じて六ヵ月近くを経ている。

陸軍内部には、皇道派と統制派の対立があったが、石原はどちらの派閥にも属していない。強いていえば満州派という別派を指導しているかに見られていたのである。むろん皇道派と称する一派の青年将校が国家改造を目指して起ちあがったとの判断は、すぐにでもできたであろう。

一報を受けたあと石原は九段にある憲兵司令部に赴き、事件の概容を確認した。そして陸軍大臣邸に行き、川島義之陸相に戒厳令の公布などを求め、実施させている。憲兵司令部は戒厳司令部にもなり、石原は戒厳参謀となった。断固討伐の具体的な実施を行う役を担ったのである。しかし一方で決起した青年将校の行動を支持するために戒厳令を布いたようにも思えるので、軍内でもその受け止め方はさまざまであった。戒厳司令官に任ぜられた香椎浩平は、どちらかといえば皇道派寄りとも見られていたのである。

戒厳参謀としての役割を果たす

こういう決起行動が支持されているかのように見えるときに、それをまったくはねつける行動をとったのが石原であった。石原はそこで決起軍を討伐できる航空機、戦車などの部隊に動員命令を出し、帝都を反乱軍から守る態勢を見せつけたのである。二月二十七日には、皇道派の将軍たちがこの決起を支援して、討伐行動は行うべきではないと戒厳司令部に乗りこんできて、石原らに陳情のような形をとった。石原はまったく一顧だにせず、彼らの目の前で、各部隊に攻撃命令の類いを出し、一片の同情もないといった行動をあからさまに示した。

戒厳司令部には、皇軍相撃つべきでないとの感情論が押し寄せたが、天皇の意思をそのまま具体的な行動につなげていったのは、やはり石原であった。石原は心中では、青年将校たちが武器を捨てて、降伏に似た状態になるように願っていた。そのために陸軍大臣官邸に赴いて青年将校の代表たちと会っている。青年将校の側には、石原に期待する者も多かった。石原を自分たちの味方として、このクーデターを成功させたいという思いであった。しかし石原は、国家改造の意思は君らと同じであるにせよ、武力による行動は許されない、こうした行動には断固討つのみ、と伝えたのである。青年将校の代表の一人、栗原安秀は石原にピストルをつきつけて、自分たちの意見を通そうとした。しかし石原は、まったくひるむことはなかった。

二月二十八日になると奉勅命令が出され、天皇の意思が軍内にも明確になり、反乱軍に好意を寄せていた軍事指導者たちも態度を一変させた。海軍は東京湾に戦艦を配備し、その大砲の照準を公然と反乱軍に向けた。さらに陸軍の地方部隊へも東京周辺への移動命令が出されることになった。石原はむろんこうした鎮圧の側の有力な指導者であったが、こうなった以上、自決することでその責任を果たすよう反乱軍の青年将校たちに伝えた。

このとき石原は、単身、青年将校の代表者たちの前に出て、降伏せよと命じている。奉勅命令の前にいらぬ抵抗をしてはならないとも説いた。それなりに石原は筋を通したといっていい。もっともこうして現実に見える部分を拾いあげていくと、石原はまさに戒厳参謀としての役割を見事に果たしたということになるだろう。

石原の実弟である石原六郎は、このころ兄と同居していたために事件前後の石原の姿を確かめている。その手記（「兄の憶い出——二・二六のころ」）は、角田順編『石原莞爾資料（国防論策篇）』の中に収められているのだが、そこには幾つかの事実も明かされている。たとえば青年将校の代表の一人である村中孝次が、香椎戒厳司令官を訪ねて、自分たちを「忠義の臣として認めてほしい」と懇願する場に、たまたま石原が入っていったのだという。村中は石原を見るや黙してしまったが、それでも石原が動かないでいるので、話を続けたという。このことを石原六郎は、石原莞爾の筆による手直しの文章で説明している。六郎は石原の胸中を正直に記述している。

「香椎司令官は村中の要求に対してのらりくらりと煮え切らぬ返答ばかりしていて、ちっともラチが明かぬ。兄に云わせると香椎中将はそういう人だったそうである。たまりかねて兄は云った。

『おい、村中。すぐに帰れ。わしは戒厳参謀として貴様を逮捕すべきところだが、ここは武士の情で見逃がしてやる』

村中はしばらくだまっていたが、やがてそのまま出て行った。（略）二・二六の首謀者は相当に政治的かけ引きを心得ていたのであった」

北一輝に会ったという虚報

石原は、つまり青年将校や鎮圧側の軍人たちにもこうしてきわめてまっとうな言動で対処していることがわかる。

くり返すことになるが、にもかかわらずなぜ石原は、青年将校をおだてたという説が今なお一定の真実味を帯びる形で書きたてられるのだろうか。つまり前述の第二の声は、決して大きくはないのだが、一定の響きをもって歴史の中で語り続けられている。その理由をまず石原六郎の言を借りるならば、「兄が叛乱軍の幹部をけしかけたというデマは、どうも真崎（甚三郎）大将の取り巻きが作り出したものではないかと思われるので、兄の真崎評を書いておこう」という点に絞られてくる。そして石原による皇道派の重鎮である真崎の人物評を語っている。

満州事変（昭和六年九月）の折、石原は東京に出張で来て、参謀次長の真崎を訪ねている。真崎は笑顔で、石原の肩をたたき「やあ、石原、待っとったぞ。今夜は一緒に飯を食おう」と誘った。石原は言葉強く断った。真崎はいつもこの手で若い将校を手なずけることを知っていた石原は、私をそんな連中と一緒にしないでくれとはねつけたというのである。それから感情の亀裂が始まったと石原は述懐していたそうである。

戦後になって真崎系の軍人は、石原を二・二六事件を陰で操ったというレッテルを貼ることで、そのイメージを混乱させようとしたのであろう。石原の言動がすべて矛盾なく、一貫して筋が通っていたと断言はできないにしても、なぜ二・二六事件では前述の第二の声が生まれるのだろうか。

その因は二月二十六日の夜、石原が密かにこの事件のシンパである北一輝や西田税（みつぎ）を含めて会っていたと前述の岩淵が書いたことにある。この虚報がすべての出発点であることに、改めて驚かされるのである。

二・二六事件に至るまでの石原莞爾の動きは、満州事変を謀略風に巧みに進めたこともあり、陸軍内部ではまさに特別視される軍人となった。むろん満州事変の経緯について、日本社会ではその詳細を知る者はなく、中国の国民党からの攻撃に、関東軍が応戦する形でやがてその支配を点から線へ、そして面へと広げていったとひたすら受け止められていた。

石原をとりまく人々

その結果としての満州国は、まさに「五族協和」「王道楽土」というスローガンの通り、中国の領土の一部に理想郷がつくられると考えられていたのである。確かに満州事変は、関東軍の参謀たちの謀略により始まったにせよ、このときの軍事行動は大本営の意思のもとに、つまり日本の国家意思があるからこそ演出されたともいえた。裏事情を知らない人たちにとって、軍人でありながら、日華提携を唱える石原の名は新鮮に聞こえたのである。軍外でも石原に注目する政治家や言論人が増えていった。

言論界の大立者である徳富蘇峰は、この軍人には珍しく思想や理念があると考えて、注目していることを隠さなかった。労働組合運動の指導者であった浅原健三、政治家の中でも中野正剛は、石原が説く東亜連盟思想に共鳴して、実際に石原に接触している。しかし、もっとも石原に接近してきたのは、各新聞社の新聞記者たちで、のちに秘書となる報知の高木清寿、東京朝日の田村真作などは公然と石原を支える側に回った。

これは『石原莞爾全集』第一巻の解説に書いてあるのだが、高木は「私と天野一雄（大佐）、伊奈重誠（大佐）、成田頼武（中佐）は、昭和八年石原が仙台 榴岡（つつじがおか）歩兵第四連隊長の時から国防研究会の名のもとに、石原の指導下で戦争史、新戦術など軍事学の研究をつづけた」と明かしている。つまり石原は現役として高級軍人の道を歩んでいくときに、その余暇には外部の協力者や部下や同僚の軍人たちと勉強会を開いては自らの論を固めていったのである。『戦争史大観』はこうして仕立てあげられていったということがわかる。

仙台の第四連隊長時代の石原のもとには、皇道派の青年将校がしばしば訪れている。昭和八年八月に連隊長に就任したのだが、このころが軍内の派閥争いがもっとも激しいときであった。いわゆる皇道派と統制派の対立であったが、皇道派の青年将校はなにかと理由をつけては石原に会いにきて、国家改造運動の理論を確かめている。

兵士を「人間」として扱う

実際に石原は第四連隊長に着任の折に、「軍事上ヨリ見タル皇国ノ国策並ニ国防計画要綱」（昭和八年六月）といった政策案をまとめている。こういう文書はときに上官に提出したり、同僚に見せたりはしているが、しかし本来の役割は自らが相応の地位に就いたなら、このような計画を実施したいとの判断にもとづいていた。

この中で石原は、国策の要項を七項挙げているのだが、その第一項に「アングロサクソントノ決勝戦ハ世界文明統一ノ為人類最後最大ノ戦争ニシテ其時期ハ必スシモ遠キ将来ニアラス」とあった。次いで第二項は、「右大戦争ノ準備トシテ目下ノ国策ハ先東亜連盟ヲ完成スルニアリ」とある。世界最終戦論が自らの辿りついた結論だと明かしていた。そこでどんな作戦を採るべきかという「方針」の中では、いずれ米英ソとの戦争を考えなければならないときがくると言い、その場合は持久戦争を避けるべきとも訴えている。

結局のところ、「我国防方針ハ迅速巧妙ニ支那本部ヲ我支配下ニ入レ日支満三国ヲ基礎範囲トスル自給経済ヲ実行シ」、そしてソ連の陸上部隊、米英の海上戦力を駆逐するというのが中心になっていた。石原は満州事変以後、一貫して世界最終戦争を想定して、自らの軍人生活を送っていることがわかる。

石原は第四連隊長時代に他の軍人とは異なった教育方針を採っている。帝国軍隊の中にある権威主義、官僚主義をすべて捨ててしまったのである。部下の青年将校たちに、研究会や勉強会をつくらせたが、その中には前述のように高木ら外部の者もメンバーに加えたり、ときにはマルクス主義の研究も行ったという。天皇制を守るためにはそれに反対する論理も知っておこうというのであった。私は第四連隊長時代に部下だった兵士たちのうち何人かに話を聞いたことがあるのだが、「風呂はいつでも入れるようにしてくれた」「中国に出征しても第四連隊の兵士は銃撃されなかった」「貧農の息子には家庭の心配までした」「軍隊にいる間に無線機の使い方を覚えた」といった声が幾つもあふれていた。

これは特筆されなければならないことだが、石原は兵士を「人間」として扱ったのである。単に兵士を「軍備」と見る高級将校とは確かに一線を画していた。

石原のもとを訪ねてくる皇道派の青年将校は、昭和八年・九年に軍内に権勢を誇っている陸軍大臣の荒木貞夫や参謀次長の真崎甚三郎を支援する形で昭和維新、あるいは国家改造運動を進めようとしていた。皇道派の青年将校の意図は、天皇親政による政治を目指し、そのために非合法の行動も想定していた。むろん荒木や真崎をリーダーに仕立てあげてクーデターを起こそうというわけではなかった。しかし自分たちの起こした軍事行動によって荒木や真崎を首相にして軍事独裁政権を樹立しようとの展望を含んでいた。

血気盛んな青年将校の言に、石原はその志はいい、しかし非合法の行動は決して許されない、と応じた。むろん青年将校たちは、石原が中心になった満州事変にならって、自分たちの行動は暗黙のうちに諒解されるであろうとの考えを持っていたのに、それが裏切られる形になり怪訝な表情をする者があったという。「石原はわれわれの味方か、それとも敵なのか」という声は皇道派の将校の間では密かに囁かれていたのである。

「永田鉄山」殺害事件

昭和十（一九三五）年八月、石原は第四連隊長から参謀本部作戦課長に転属になった。この転属は石原が皇道派に与していないことの証しだったといえるかもしれない。なぜなら陸相の林銑十郎のもとには、軍内に一定の力を持っている青年将校が不穏な動きを示しているとの情報も入ってきていて、軍内の人事異動を大幅に行ってそのような噂を一蹴する必要があった。

林に列なる一派は統制派と評されたが、こちらは永田鉄山、南次郎、東條英機といった軍人たちで、軍事独裁政権を樹立するには非合法活動より合法的に権力を握るべきであると考え、青年将校をおだてあげているとして荒木や真崎と対立していたのである。昭和十年七月に、林と参謀総長の閑院宮は教育総監に転じていた真崎を罷免することにしたが、真崎は拒否している。しかし陸軍大臣、参謀総長、それに教育総監の三官衙（かんが）の責任者は三者の合議で決めるとの内規のもと、つまりは真崎は辞任に追いこまれることになった。

後任には渡辺錠太郎が座ったのだが、渡辺は統制派に近い学究肌の指導者の一人であった。

この騒動は皇道派の青年将校を刺激することになる。彼らは、昭和維新の断行を妨害するのが統制派の人脈だと受け止めたのである。そして昭和十年八月十二日に起こったのが、陸軍省軍務局長・永田鉄山が殺害されるという事件である。皇道派の将校である福山歩兵連隊の相沢三郎中佐が、軍務局長室を訪れ、白昼公然と軍刀で永田を斬殺したのである。相沢は永田殺害は天誅（てんちゅう）であり、自分が殺したわけではないとの言を弄（ろう）したのでもわかるとおり、皇道派の将校は相手の抹殺を謀るというきわめて感情の強い段階に入っていた。

昭和陸軍を俯瞰（ふかん）するとき、この殺害事件こそ軍内派閥抗争が頂点に達していたことがわかる。同時に省部の軍人たちは皇道派と統制派（このグループは派閥のような形をとっていなかったと戦後は証言しているが）のいずれかに傾く形になった。

第四連隊長から参謀本部作戦課に転属となった石原は、この事件の日が初出勤である。石原はすでに多くの書が示しているように、このときはいずれの派閥にも属していなかった。しかし「昭和維新」を断行して、軍が政治の前面に出るべきという考え自体は、確かに皇道派に近かった。といってもそのためにテロやクーデターの類いの行動で昭和維新は行うべきではないと考えていた。そのような自説をもって東京に出てきたのである。

石原の日記（といっても備忘録のようなものだが）の八月十二日には、「初出勤　永田少将刺サル」とあった。あとはしばらくの間、記述はなかった。石原は混乱する省部の様子をひたすら見つめていたともいえるだろう。とはいえ石原は個人的に、相沢を幼年学校時代から知っていた。仙台幼年学校の一級下で、いわば少年期からの知り合いともいえた。その後のことだが、石原は相沢から軍法会議の特別弁護人になってほしいと依頼されている。石原は、軍刀を抜いて上官を殺害することの是非よりも、その信念には一定の評価を与えるといった、いわば誤解を招きかねない発言をしていたこともあり、特別弁護人依頼は当然の流れともいえた。

このとき石原はいかなる回答を返したのか。そのあたりは曖昧である。一説では即座に承知したともいわれるし、「考えておく」と表面上はその役を避けたともいわれている。

だが福田和也の著した『地ひらく　石原莞爾と昭和の夢』のように、「石原は、自身一度は軍歴を離れて相沢の弁護人になろうと決意し（真崎甚三郎らの画策によって断念）、公判をほとんど傍聴し、逮捕直後から、二・二六事件後の処刑に至るまで何度も面会に通っている」との説を記述する書もある。

石原にとっての「昭和維新」

相沢も石原に対して期待したのか、面会の折には「青年将校をよろしくご指導くださ い」と頼んだともいわれる。もっとも石原は、行為そのものを目的とするような国家改造運動には関与しないとの考えを伝えたという。相沢はその言に衝撃を受けたというのだが、石原はこのときにその精神は諒とするも行動に重点をおくがごときの言説を強く戒めたともいう。その点にこのころの中堅幕僚（石原は四十六歳になっていた）のバランス感覚があったということになろう。

既に記述したことでもあるが、石原が皇道派に心を許さなかったのは、その軸になっている真崎甚三郎に対しての不信に根ざしている。二十代、三十代前半の青年将校をおだてる口調で、そのエネルギーを自らの側に引き寄せようとする計算に倦いていたのである。

相沢に殺害された永田鉄山は、国家総力戦に対する構想を持っていた。いわば軍内の理論的指導者であった。石原よりは五歳ほど年長になるのだが、皇道派の理論や言動には強い不満の念を隠さなかった。というより荒木や真崎のように理論もなく、ただひたすら皇道精神を説く軍事指導者への軽侮は強いものがあった。その点では石原と共通のタイプということもできた。

永田らから見れば、石原はなにより理論を持ち、思想も確固としている点では誰にも負けないというので、要職に据える中堅将校だったのである。

青年将校から見れば、石原は永田に直結する軍人であるという点では暗殺対象にすべきであるとする一方で、石原はわれわれの考えをわかってくれる、決して敵ではないと説く青年将校も存在したのである。

二・二六事件に至るまでのプロセスにおいて、石原をどのように見るか、青年将校の側でも評価が割れていたのだ。軍内の石原の評価とは別に、石原自身は永田鉄山死後、参謀次長の杉山元に宛てた文書の中で、「軍部ハ積極的ニ其本務ニ邁進(まいしん)スルコトニヨリ維新ノ先駆タルヘシ」と訴えている。陸軍の本務を果たすことこそが昭和維新だというのであった。これは二・二六事件への批判であり、この語が石原の事件への態度を表していたのである。

石原の極秘和平ルート

武田邦太郎（元参議院議員）は、農政問題の専門家だが、同時に学生時代から石原莞爾のもとに出入りし、石原をもっとも理解していた研究者でもある。その武田には、石原に関する地味な研究書が何冊かあるが、とくに石原の生涯の写真を集めて編んだ『永久平和の使徒　石原莞爾』（菅原一彪との編著）は貴重な書である。

武田はこの書の中で、石原の六十年間の生涯は五段階に分けられるのではないかと指摘している。第一期は、明治四十二（一九〇九）年から昭和三（一九二八）年十月までの「思想・信仰の基礎が形成された時期」、第二期は「軍人として活動の最盛期」で、関東軍参謀になってから、そして再び関東軍参謀副長として満州に帰任するまでの昭和十二年九月まで、つまり九年間である。年齢をみれば四十歳から四十九歳までとなる。

そのあとの第三期は、参謀副長から第十六師団長を経て軍人生活を終えるまで、第四期は東亜連盟での活動期、それは昭和二十一年一月まで続く。第五期は山形県の西山開拓地に入り、亡くなるまでの三年間の生活である。

なるほど、この五つの段階に分けて考えると、石原の生涯は単に軍人として生きただけでなく、思想家、大学教授、農業実践者と幾つもの顔を持っていたことがわかる。石原に関する評伝は感情が前面に出ることが多いのだが、この書もむろんその面はあるにしても、実証的、視覚的（写真が貴重である）に論じていて、強い説得力を持つ点に特徴がある。

武田の書を通じて、私は石原の昭和史に関わる証言を確かめることができた。通説、俗説に対する彼らの怒りは激しく、石原像は改めて再構築しなければならないと思えた。そこでこれまで誰も指摘してこなかった「史実」について、いつの日か私の問題提起が実は歴史の本質に関わっていると解明されまいかとの思いで、以下のように記述を進めていきたい。

とくに石原を調べていると、中国の蔣介石政府との間で、石原や東亜連盟に関わった人物たち（そこには中国人も含まれる）には和平を希求する強いルートがあったのではないかと、私には思えるのだ。そのひとつは、昭和十二（一九三七）年十一月から翌年一月までの間行われた、トラウトマン工作の実態である。もうひとつは、昭和二十年三月に行われた南京政府の考試院副院長という職にあった繆斌（みょうひん）の和平工作である。これには小磯国昭首相は乗り気であったが、外相の重光葵は当初から繆斌を、和平を食いものにする男と見て、相手にしなかった。

蔣介石政府の裏を知る人物

しかし、前述の武田、菅原の編著書によるなら、繆斌は蔣介石の意を受けていたのであり、このルートをつぶした日本の政治、軍事指導者は大きな誤りを犯したと指摘している。なにより繆斌は、石原の東亜連盟に関心を寄せていて、いわばこのルートにつながっていたというのであった。

「（繆斌は）一九四〇年に自ら北京に創立した中国東亜連盟に拠って、政治活動を続けていたのである。この組織は、当時石原莞爾が指導していた東亜連盟の中国版であった」と武田は書く。繆斌工作に真剣に向き合わなかった日本は、せっかくの和平の機会を逃すことになったと強調しているが、この点についてはこれまで、重光外相側からの見方が日本での史実の根拠とされている。しかし今、この面での再検討が必要になっている。

石原莞爾の章の最後で、トラウトマン工作について、日本と中国側の奇妙な史実のつながりを指摘し、併せてこの工作の知られざる部分があるのではないかとの見方を語っておきたい。

一九九一年は、ベルリンの壁が崩壊して、東西冷戦の壁がこわれたころであった。日本では昭和から平成に移って間もないときであったが、私はこのころに中華民国の台北に赴いて何度か総統府資政（顧問）の陳立夫（ちんりつぷ）に会って、日中戦争時の蔣介石政府の裏の側面を質してきた。陳立夫はそのころ九十二歳であったが、身体は健康で、なにより頭脳は明晰そのものだった。台北郊外の自宅で会ったのだが、十五畳ほどの応接間には、陳立夫が尊敬する二人の人物（孫文と蔣介石）のデスマスクや等身大の肖像画が飾ってあった。中国国民党の指導者として一九三〇年代から政治の表と裏を生きてきたために、史実についでは当事者の弁として、多くを語ることができたのである。

この応接間でつごう三回（一九九一年から九三年までの間）ほど話を聞いた。私はある有力な紹介があったために会えたのだが、陳立夫は私と握手を交わすなり、「日本人と会ったのは一九三七年四月以来だ」と目を細めた。それはどんな人で、なぜお会いしたのですか、と私が問うと、陳立夫は一気に話した。もともとアメリカの大学を卒業しているために、加えて国民党時代の不遇なときにはアメリカで生活していたこともあり、面倒な話になると英語で話した。わかりやすい英語であった。しかし自国の歴史を語るときには、常に中国語であった。日本軍国主義には徹底した批判を持っていて、日本人と最後に会ったという一九三七年四月は、日本の国会議員団が南京を訪ねてきて、蔣介石政府の要人たちと会話を交わしたのだったという。

「私はそのとき、あなたの国の政治家に言いました。もしあなたたちが私の国に対して軍事行動を起こしたならば、私たちは百年でも二百年でもわれわれの国の面子（メンツ）を懸けて戦いますよ。だからそんな愚かなことは決して行ってはいけません」

陳立夫がこう伝えたときは、日本の政治家たちはうなずいていたという。そんな国力を消耗する戦争などすべきではない、と納得したかに陳立夫には見えたというのだ。

「ところがそれからわずか三ヵ月ほど後の七月七日に、あなたの国の軍隊は盧溝橋事件を起こして無策な戦争を始めた。なんとも納得できない。あなたのお国の軍人は、文化や伝統といった基本的なことを理解していません。だからすぐに軍事行動に走るんです」

トラウトマン工作

陳立夫はその哲学、思想のない軍事行動にあきれたと何度も話した。それは日本軍の軍人を軽蔑しているとのニュアンスを含んでいたのである。こうした話を次から次に聞いていると、日本軍は確かに増長していたとの感がしてくる。

そして、いわゆるトラウトマン工作について質していくと、「彼をよく知っている。確かに日本との和平の仲介役だったことはある。私は国民党の政治組織担当の責任者だったが、蔣介石総統からこの和平工作の担当を任せるといわれて、トラウトマンとはこの点で話をしたことがある」と答えた。「どんな話だったのでしょうか」と尋ねると、陳立夫は幾つかの意外な話を口にした。

蔣介石とは打ち合わせてはいたが、日本側は和平と言いつつ、一方的に軍事行動を進め、さらにその権益を条項に加えてくるのだから話にならない。つまりわれわれをバカにしているのか、といった受け止め方をしていたと詳細に語った。そして次のようなエピソードを紹介したのである。

「私はトラウトマンに、あなたが真面目に和平工作に取り組むなら、私たちの考えている意見で日本側を説得してみたらどうか、と彼に伝えた。どんな案かというと……」

と、陳立夫は噛(か)んで含めるように私に説明していった。それは次のような話である。

〈今の世界の真の敵は二大国だ。ひとつは赤色帝国主義のソ連、もうひとつは白色帝国主義のイギリスである。この二つを倒さなければ世界に安寧はこない。そこでまずわれわれの中華民国と日本が戦争を始めたかに見えるが、すぐに休戦して両軍でソ連を攻める。まずこの二ヵ国でスターリンを倒さなければならない。それに並行してドイツはイギリスを攻める。日本と中国はドイツと連携してイギリスのアジアの植民地を解放していく。こうして新しい世界地図をつくりだすのである〉

陳立夫はこうした大胆な案をトラウトマンに示した。トラウトマンは、「これに対する答えは私一存では発せられない。リッベントロップ外相に相談してくる」とベルリンに戻ったという。ところがトラウトマンは再び南京に戻ってくることはなかった。更迭されたのである。私は陳立夫に、なぜトラウトマンは更迭されたのか、と問うと、「私の方から示した案があまりにも本質を突いているので驚いたのではないか」と答えた。そのうえで「もし君がこの話を疑うのであれば……」と前置きしてつけ加えた。

「東ドイツの史料館にこの文書は眠っている。君もそこを訪ねて確認したらどうか」

私が陳立夫と会ったころは、東西ドイツが合併したころで、東ドイツの史料館を訪ねて確認することはできなかった。陳立夫はある外交官（どこの国かは明言しなかった）から、その史料が今なお保存されている旨、聞かされていた。

東亜連盟に重なる発想

蔣介石政府の要人のこの話は、私には現在も鮮明な記憶となって残っている。私のメモ帳にもそれが記されている。「二つの敵（ソ連とイギリス）」を打倒するための戦いに挑んでこそ、二十世紀前半の日本と中国、そしてドイツの生きる道があったとの論は確かに印象的である。しかもこの「赤」と「白」の先進帝国主義は、人類史を今なおリードしているが如くに見えるだけに、ドイツ側への説得工作は相当に激しく行われたのであろう。ただ陳立夫が説くように日本、中国、ドイツの三ヵ国が手を結んでソ連、イギリスを倒し、次にアメリカに対して三国で対峙する、それがいかに枢軸側には効果的なのかを考えると陳立夫の提案した案はそれなりにつじつまが合っている。

　この構想を聞いて、私は石原の考えに重なり合うとの感想を持った。むろん陳立夫と石原との間につながりはない。だが石原が、「支那事変」後に「昭和維新論」「東亜連盟建設要綱」などで論じている「支那事変の解決」では、たとえば「日華両国は東亜連盟の方針に基き、真の大同、即ち国防の共同、経済の一体化を成可く速かに実現する」との一項があるし、この実現については、「昭和維新論」にもあるとおり、中国が東亜連盟の一員になることによって、「外力、即ち英米ソの合力に対して、東亜を完全に防衛し得る実力の獲得」が可能になっていくというのである。

　こうして東亜連盟が完成することにより、日本と中国はともにソ連、イギリス、アメリカなどに対峙することができる。つまり石原に言わせれば、日本と中国とでソ連を攻め落とし、アメリカ、イギリスも牽制できるというのだ。ドイツにはなんとしてもイギリスを徹底的に叩いてもらい、そしてまさに日本、中国、ドイツの中から世界最終戦争を生き抜く国が生まれるというのであった。

　むろん石原の説いた案は「世界最終戦論」であり、東洋文明と西洋文明の覇者の間で世界最終戦争が起こり、世界は安寧と平和の時代に入るという。しかも、日本と中国の連携（むろん日本が上位にある）によりソ連を打倒し、返す刀でドイツを支援してイギリスを倒すというプログラム。陳立夫がトラウトマンに突きつけた日中和平の具体案は、石原の説く東亜連盟に重なり合っている。中国側はある程度真面目にこのトラウトマン工作を考えていて、石原のような案の到来を待っていたのかもしれない。

あるいは石原と蔣介石政府との間には、特別のルートがあったのではなかろうか、との疑問は消えないのだ。

第四章

犬養毅は襲撃の影を見抜いていたのか

「犬養毅」を悼む儀式

ある一言が人生観を変える、あるいはその一言によって自らの生き方に骨格ができあがってくる。そういう体験を持つことは、人生の醍醐味といっていいのではないか。私にもそんな一言がある。自らの生き方の弱さを克服せよと促した一言でもある。

本書では基本的に敬称を省略しているが、この章に限り一部の人名に「氏」を用いることをお断わりしておく。これから述べることは私自身の忘れがたい体験を含んでおり、それを自分にとって自然な距離感で書いておきたいとの思いからである。

昭和七（一九三二）年五月十五日の、いわゆる五・一五事件から六十年目にあたる日、犬養家では親戚をはじめ身内の者や限られた関係者を集めて「犬養毅」を悼む儀式を行った。仏式とか神式、あるいはキリスト教といった宗教的な区切りではないのだろうが、とにかく六十年を節目に肉親はその思い出に区切りをつけようということになったようだ。

当時、共同通信社の社長だった犬養康彦氏から、この六十年目の追悼会で「五・一五事件」そのものについて一時間ほど話をしてくれないかと私は頼まれた。そのころ社会部長をしていた高橋紘氏らと昭和史の研究会を開いていたこともあり、同氏が康彦氏に私を紹介したようであった。加えて私は、五・一五事件に農民側から連座した水戸の橘孝三郎とその塾（愛郷塾）生たちの側から事件を追ったノンフィクション『五・一五事件』という著作を著していたから、それで講師の役が回ってきたようだった。康彦氏とは何度か打ち合わせを行った。この追悼会は東京・霞が関にある憲政記念館で開かれるというのであった。

犬養家の縁者は多彩な人びとが多く、それにこの追悼会には犬養毅の出身地の岡山市にゆかりのある代議士、官僚なども出席すると聞いた。私は、自分にその任が果たせるだろうか、と緊張した。当日、憲政記念館の控室に入ったときは、犬養道子氏をはじめ、社会的に活動している犬養家の人たちの広がりに驚いた。控室で道子氏と名刺を交換し、「今日はよろしくお願いしますね」と声をかけられたときは、この人が私が中学生から高校生のときに読んだ『お嬢さん放浪記』の作者かと思って、それだけで震えた。講演会場では開講まで前の席で並んで座って、祖父・犬養毅の思い出話などに接した。

康彦氏の挨拶のあと、私は壇上からこの事件の概要を具体的に語った。昭和という時代がファシズム化していくときの幕開けのような事件であり、この事件そのものは海軍の青年士官や農本主義者たちの時代への不満が爆発したものであるにせよ、犬養首相は昭和のテロの時代の犠牲者であるとの視点で話し続けた。

道子氏の言葉が身体に刺さる

五・一五事件は戦後の教科書（私もこの教科書で習ったわけだが）では、犬養首相の「話せばわかる」という言が示しているように、テロという暴力が前面に出てくる次代のきっかけにもなったと怒りの口調で語った。

そのうえで犬養毅という、議会の誕生とともに岡山県から当選し、ただの一回も落選することなく、その座を守った「憲政の神様」を賛えた。「理想的な政治家であり、議会政治家としてその使命を全うした。その政治経歴もとくに非の打ちどころがなく、まさしくテロの犠牲になった悲劇の政治家であった」と褒めた。むろん会場で話を聞いているのは、すべて犬養家に関わる人びとであり、そしてその関係者である。私は議会政治家として近代日本の模範的な政治家であると賛えつつも、犬養はしばしば大局観に欠ける点があるとの印象も持っているが、それを口に出すことはなかった。

犬養毅が満州事変解決についても、以前に孫文を支援していて、中国人革命家の中にもルートがあり、いずれは外交交渉で解決するとの腹案も持っているように受け止められていたことも語った。全体に私の犬養毅像はそのマイナス面を隠す形になった。こういう席ではマイナスになるような内容を話すのは礼儀に反するというのが、当時五十二歳であった私の考えであり、生き方でもあったのだ。

私は快い気持ちで壇上から降りた。そして道子氏の隣の席に戻った。次いでその道子氏が壇上に上がった。当時七十歳に達していたが、その年齢には見えず凛（りん）とした姿で口を開いた。壇上から「保阪さん」と私に語りかけた。そして言葉を次々と吐きだした。

「今、保阪さんは祖父のことを称揚気味に語っていただきました。それは遺族としてはありがたいのですが、しかし犬養毅という政治家も多くの矛盾を背負った政治家だったのです。そこのところを語らなければ、毅像というのは正確には理解できません。祖父に同情していただくお気持ちはわかりますが、歴史上の政治家としての評価は別です。こういう席だといって何も遠慮しなくていいのです。感情は感情、評価はまた別と考えて臆することなく語ってくだ

宮中新年会に参内する犬養首相。左は三男の健秘書官
右は孫の道子氏（提供：共同通信社）

さい」

私のほうを見つめながら諭すように話しかけた。まるで二人で会話を交わしているかのようであり、講演会の会場とは思えないほど諄々とした口調だった。私は自分のもっとも痛い所を突かれたようで、その一言一言が身体中に刺さってくる感を受けた。道子氏は私から目を離し、会場を見つめながら事件の当日、首相官邸にいた十一歳の少女が祖父の死をどのように見たかを記憶を繙きながら語り始めた。その苛酷な体験に耳を傾けながら、〈どういう事であれ、感情と評価はきちんと分けて考えなさい〉との言に教えられることが多々あると気づき、道子氏の話に深くうなずいていた。

テロの決行者が英雄に

「基軸になるようなものが失われた」

五・一五事件は奇妙な事件であった。とくに軍人側（海軍士官や陸軍士官学校候補生）には存分に法廷で弁明の機会が与えられた。自分たちは自分自身のことなどこれっぽっちも考えていない、考えているのはこの国のことだけ、陸海軍の指導者は、この国の改革（天皇親政）について考えてほしい、自分たちは軍部政権をつくるための手駒でいい、などという言を、それこそ何十回も陳述している。こんな弁明に日本社会は、天地がひっくり返ったような状態になって反応した。

テロの決行者は英雄だとの受け止め方が一気に広がったのだ。このことはすでに明らかになっている如く、日本社会の価値基準が大きく変わってしまうきっかけになった事件でもあった。

テロの犠牲になったはずの犬養家のほうがあれこれ社会的な制裁を受けることになったのである。道子氏の話では、犬養家の人びとが後ろ指をさされることになり、厭がらせを受けたのである。道子氏はこのような歪な日本社会を具体的な作品に書き残している。『ある歴史の娘』や『花々と星々と』などである。こうした書に触れていくと、五・一五事件後の母親については、たとえば次のように書いている。

「あの若葉の五月の日をさかいめとして、白と黒、夏と冬ほど、彼女は変った。白樺時代、そしてまたその余韻のいまだ尾を引く時代の、コロコロ笑い、熱病の私をいそいで寝かせて上野の森に、『近衛（秀麿）さんの第五の指揮を聞きにゆく』ような、自分の世界をゆたかに持って、そこでしあわせに生きた女は、あの日以後、どこかに消えてなくなった」

犬養家の人びとはそれぞれ、毅の死によって、しかもその残酷な形での生の閉じ方に出合い、生き方が変わっていったというのである。十一歳の少女は、そうした昭和の動きをつぶさに見てきたのである。そして昭和六、七年ごろの首相官邸で見つめた光景（そこには軍部にすりよる犬養内閣の書記官長である森恪の動きなども書かれている）が、後年になってすべて解きほぐされ、そして記録されている。昭和六（一九三一）年十二月に天皇から大命が降下される。満州事変から三ヵ月ほどあとのことだ。官邸に入った犬養が満州事変の解決を目指して動いた様が、道子氏の筆によって明らかにされている。次のような一節も『花々と星々と』には書かれている。

「（官邸で）草とりを私と共に楽しんだ日の五日前には、『支那を一挙に取りおさえる』と激越な調子で閣議席上食ってかかった森官長との最後の場面があったのである。

『シナのことはおれが知っておる！』

説いて説いて説いて駄目であった。

『兵隊に殺されるぞ』

森は閣議後、捨てるようにそう言った。

『兵隊に殺させるという情報が久原（保阪注・房之助＝政友会幹事長）の筋に入っている』

父が、母の姉婿である外務省の斎藤の伯父さまから秘かな電話を受けたのはその晩であったか……しかしお祖父ちゃまはもはや何ごとをも何ものをもおそれなかった。平常心

――楽」（傍点は原文のまま）

この情報は確かだったのである。道子氏はこうした動きを当時から聞きとめ、メモに残していたのである。官邸の内部に渦巻いている謀略じみた動きについて、少女の目は澄んでいるがゆえに祖父・毅に迫ってくる影を見抜いたのであろう。あるいは誰が祖父、父（犬養健（たける）＝毅の秘書）の命を狙っているのか、子供心に神経が研ぎ澄まされていたということだろう。

「統帥権干犯」という過ち

「あの事件は本当にひどい事件でした。テロに遭った私たちのほうが肩を窄（すぼ）めて歩く時代だったのですから。何か基軸になるようなものが失われていたのですね」

道子氏が私につぶやいたこの言は今も忘れていない。何かがおかしい、という言には、時代を見抜く目を持っている人の予言の意味がこめられているのかもしれない。

〈感情と評価は別です。どのような場にあっても自らの意見はきちんと言いなさい。遠慮する、あるいはその場でいい子になるというのでは真実に近づけないんですよ〉

と、私は道子氏の私への忠告を理解した。歴史に関心を持つ、歴史を人で語るときは「自分の全存在をかけてその人物と向き合いなさい」と受け止めてから、私は何冊も評伝を書いた。その折に常に頭にあったのは、道子氏から諭されたこの言であった。

犬養毅は「憲政の神様」といわれ、日本の議会政治の申し子とされている。尾崎行雄などと共に憲政の正道に立つとされてきた。議会人としてその点は認めなければならないであろう。しかし重大な過ちをも何度か犯している。たとえば、昭和五年のロンドンでの海軍の軍縮会議では、政府の側が対米英比率七割近くの数字を受け入れ、調印している。だが、軍令部長の加藤寛治（ひろはる）らのグループはそれが不満だとして「統帥権干犯」という語を持ちだして民政党の濱口雄幸（おさち）内閣を責めたてた。「勝手に政府が調印するなら軍令の側としてはこの国を守ることはできない」というのであった。

議会では野党であった政友会の犬養や鳩山一郎などが、「民政党内閣は統帥権干犯を犯しているではないか」と攻撃を続けた。つまり、軍部の力を借りて政府与党を攻撃するという構図になった。軍部に公然と統帥権干犯という伝家の宝刀があることを教えることにもなったのである。その点では犬養毅や鳩山一郎らの歴史的な罪は重かったのだ。

そしてこの統帥権干犯は、つまるところは日本が戦争に入っていく際の有力な武器になった。これは犬養のもっとも大きな罪といっていいだろう。五・一五事件で亡くなった犬養首相のこの罪は消えるのか。あるいはやはり戦争に結びついた責任の重さが残るのか。道子氏の忠告を受けてから、そのことをよく考えるようになった。歴史の審判の側に立ったなら、甘い感傷は捨てなさい、そういう感傷こそが日本社会のもっとも悪いところなのだから……という教えを私のものとするのは、それほど簡単なことではなかった。常に自分に厳しい目を持って律していなければならなかったからだ。

道子氏の助言を私は全面的に受け入れた。それは道子氏の作品を改めて幾つも読んだうえでのことでもあったが、そうすると私の中に奇妙な心理構造ができあがった。それは道子氏が五・一五事件にこだわり、そしてそれを解剖しようとしているのは、日本人のありのままの姿を見ようと心がけているためだと気づいたのだ。道子氏は、昭和という時代の中にヨーロッパ文化やその倫理を持ちこんで時代を解剖していったのである。

少女が見た五・一五

犬養道子氏が、自らの記憶の中にある五・一五事件当時の首相官邸の様子、そして長じてからの資料による調査などで、この事件の内容について具体的な記述を進めるようになったのは、昭和四十三（一九六八）年ごろからだ。中央公論社からこの事件を含めての自伝を書いてほしいと頼まれ、執筆を始めたらしい。しかし本人が書いているところでは、この自伝風作品『花々と星々と』では当初、五・一五事件に触れるまでに至らず、つまりは単行本刊行の折に加筆して収めたというのである。

道子氏は自選集第二巻の解説に、この『花々と星々と』は「『ちっちゃな女の子』の視点から、その視線に沿って書かれた」と明かし、五・一五事件の記述も「女の子の眼と心を通しての記述形式に固執したから、とうてい昭和初期史の一部をなす作品になったとは言われない」と一歩退(ひ)いた表現を用いている。十一歳で祖父・犬養毅の暗殺に出合った少女はまさに六十年を過ぎてこの作品を完成させたことになる。

ということは私が、犬養家の毅没後六十年の集まりで講演を行ったころから、事件を本格的に書こうとしていたことがわかる。私はあるときから道子氏の自選集などに数多く目を通すようになった。私はクリスチャンではないのだが、道子氏にクリスチャンとしての知性、理性が凝縮しているだけではなく、感性もまたすぐれ、その天分を持って昭和史の分析を試みているのがわかった。

私が犬養毅についてのスピーチを行ったときに感じた道子氏の凜とした姿は、自身でもあの事件について書こうと思っていたからだったのだ。自らが祖父を客観視しているときに、私のような他所者(よそもの)がそういう目を持っていないことに相当の不満を持ったのだろうと、私には思えてきた。

道子氏の筆（それは前述の「ちっちゃな女の子」の視点なのだが）によって描かれたこの事件の裏側を、やはり正確に書き残しておく必要がある。この作品は、五・一五事件という昭和のファシズムの先導役を果たしたテロが、どのような人たちを撃ったのかを明らかにしているからである。

犬養毅が政友会の総裁として首相に擬せられたのは、昭和六年十二月である。このとき犬養は七十六歳であった。すでに政界を引退してもいい年齢なのに政友会総裁であったのは、政争の激しい政党をまとめるには長老級の重みが必要とされていたからだった。元老西園寺公望（きんもち）から、若槻礼次郎退陣のあとを受けて後継首班の指名を受ける折に、昭和天皇は犬養に同情を示し、「軍部が内政、外交に立入ってかくの如きまでに押しを通すということは国家のために頗る（すこぶる）憂慮すべき事態である」と西園寺に伝えていた。

昭和六年九月の満州事変から三ヵ月、軍部がゴリ押しして政治に介入してくる事態をとにかく犬養で乗りきってほしいと天皇は考え、大任を託したのである。

軍部とどう対峙したか

犬養首相のもとには自薦他薦の入閣希望者が押し寄せた。政友会の久原房之助が安達謙蔵の入閣を申し入れたり、森恪が自身の入閣を犬養に働きかけてきた。犬養はそうした多くの売りこみをまったく受けいれなかった。ただ陸相には書記官長に据えることにした森恪の推薦で、皇道派の荒木貞夫を選んだ。このころ軍内外で、何かと政治的な動きをする中堅将校を抑えるための策のひとつであった。

犬養内閣は金輸出再禁止に踏みきった。それは犬養が信頼する高橋是清を蔵相に就けて行った。ただこれによって円が売られ、ドルは買われ、思惑買いを続けていた財閥が莫大な利益をあげた。犬養内閣のもうひとつの取り組みは、満州事変をいかに解決していくかであった。この課題に、犬養は辛亥革命を指揮した孫文との親交から独自のルートで解決を考えていたのである。しかし軍部はそういう犬養を冷たく見ていて、それを受けて森恪が「軍部を怒らせるべきではない」といった言で牽制し、犬養を軍部との融和の方向へ持っていこうとする姿勢に、犬養自身は、「君は軍人を恐れている。そんな馬鹿なことはない」とまったく森を相手にしなかったのである。

確かに日本の農村の農業恐慌やアメリカのウォール街での株の暴落からくる金融恐慌の余波があり、犬養内閣が就任してすぐに各種の施策を打ち出しても効果が見える状態ではなかった。

さしあたりこうした当時の日本の状況を見つつ、道子氏の『花々と星々と』を読んでいく必要がある。すると意外なことがわかってくる。「ちっちゃな女の子」の視点でこの事件を語る前に、犬養の側から見た時代の様相を整理しているのである。

道子氏は書いている（引用にあたっては改行はせずに紹介する）。

「犬養内閣は本質的な矛盾と弱さをはらんでいたとよく言われる。陸軍大臣にその荒木中将を据え、内閣書記官長に関東軍と通じ関東軍路線を支持するのみならず推進するほどの、曾(かつ)ての三井物産の切れ手、森恪を置いていたからである」

道子氏は満州事変や青年将校などの不穏な動きの背後にいる軍事指導者を荒木貞夫と見ている。

犬養の内面を深く洞察

満州の宗主権を中華民国に返し、その後に日中間で対等の立場で話し合って協力して経済開発を進めていこうという「軍の意向と正面衝突するその処理案遂行のために身を挺したお祖父(じい)ちゃまの内閣」に、荒木と森はまさに矛盾した存在だったと決めつけている。同時にこのころ日々、そのお祖父ちゃまにかわいがられていた道子氏は、犬養首相の心中に迫る。次のように書くのである。

「しかしいま、私は思うのである――荒木・森の二人を内閣中枢に据えたこと自体、お祖父ちゃまの――追いつめられたお祖父ちゃまの――最後に打った手なのであったと。俗に、虎穴に入らずんば虎児を得ずと言うではないか。最も『危険な』ふたりを己が懐中に抱えることによって彼らの動きを牽制したいと彼は叶わぬ望みを望んだのであった。滔々(とうとう)

と流れ、あらゆる支流を呑み加え、『狂』の一文字にあてはまる勢で破局に向ってゆく潮を、身をいかに挺そうと食いとめられるものではないと、彼の理性は読んでいたろう」

五・一五事件を論じた書はこれまで二十冊ほど編まれているだろうか（当時、そして現代までだが）。その中で犬養首相の心理をここまで分析した書はない。道子氏のこの説を引いて、こうした見解を示す書はあるにしても、犬養首相の内面を深く洞察していったときに、五・一五事件の明らかになっていないナゾが浮かびあがってくるように思う。

そして今、私自身、こうして犬養首相の心理に、道子氏の筆を借りながら沿っていくと、はっと思い至る点もある。そうか、もしかすると道子氏は二十六年前のあの犬養家の儀式のときに私に伝えたかったのは、ここまで分析を進め、「虎穴に入らずんば虎児を得ず」の見通しの甘さを見抜いてほしかったのではないかと考えたくもなってくる。

くり返すことになるが、歴史に刻まれている史実のひとつひとつには当事者や当事者の近くにいる者だけが理解できる何かが隠されているのだろう。五・一五事件にしても、単に海軍士官や陸軍士官候補生が公然と首相官邸を襲い、首相を暗殺したのではなく、その構図の中には遺族が直感的に見抜く何かが隠されていると思えたりもするのだ。

犬養首相が官邸に住むようになって、道子氏の一家も父・健が首相秘書官を務めることになり、その一角に住むようになる。十一歳の道子氏は官邸内部が遊び場になった。その遊びの延長として、あるとき（昭和七年二月か三月なのだろうか）閣議室の扉を開けてしまったことがある。閣議の最中である。道子氏の記述を読むと、扉を開けて覗いたことは誰も別に注意を払わなかったらしい。たぶん直感の鋭い少女はこの閣議室にしばらくとどまっていたのではあるまいか。

満州事変が上海事変（昭和七年一月）に飛び火したときであり、荒木陸相は興奮した口調で、上海にあって「支那軍の大抵抗に遭っている皇軍」の援助のために、「一大軍隊を送り支那を一挙にこらしめるべきだ」と発言したというのである。道子氏は、「お祖父ちゃまはこの馬鹿に答える気にもならず黙っていた。そのとき高橋（是清）大蔵大臣が、大きな眼をギョロリと剝き大声をあげて陸軍大臣を叱咤した」と書いている。

高橋は、「君はまだ若い……波がひとつ来ただけで大変だ大変だと言う……支那の身になってみろ、満州かッさらわれて……まずかッさらった満州を返すことが先決だよ。支那問題はここにおられる総理のナワ張りだ」と叱ったそうだ。「陸軍大臣は窮し、蒼白となり、陸軍省に帰って憤懣をぶちまけた」とも書き、陸軍内部に「高橋、消すべし」の声があがり、それが昭和十一年の二・二六事件へとつながったというのである。

官邸に住んでいた十一歳の少女は、実はこのころの政治のウラ側を見ていたのだ。誰が「お祖父ちゃま」を殺したのか、誰があの高橋是清を殺したのか、道子氏の筆は決行者こその青年将校だが、その真の犯人は……と問うていることがわかる。

「靴でも脱げや、話を聞こう」

道子氏は犬養首相の死の数ヵ月前、部屋に呼ばれ、この年三月に女子学習院の前期（小学）を卒業する記念にお祝いをあげたいと言われた。孫文死去の折に中国での葬儀に出向いたときに求めた硯（すずり）を贈られたという。木堂（もくどう）の名での書なども手渡された。「愛する孫に遺品を手ずから与えることを思い立つほど、迫り来る『時』だったのである。

五月十五日の夕刻、官邸正面からの暴漢が襲ってくる音、そして護衛の巡査を撃つピストルの音。そのとき道子氏の母が食堂でお茶でもと首相を政務室へ呼びに行っていたが、すぐに不穏な動きを知り、庭に下りて逃げるように勧めた。「いいや、逃げぬ」と犬養は答え、海軍少尉の服をつけた二人の士官と士官候補生三人が土足のまま入ってくるのを直視した。一人がピストルの引き金を引いたが、弾丸は出ない。「まあ急（せ）くな」と議会の野次を抑えるときと同じ動作で手で制したというのだ。そして次のように言った。

「撃つのはいつでも撃てる。あっちへ行って話を聞こう……ついて来い」

犬養首相は健の妻と子供（康彦氏）から意図的に離れ日本間に士官たちを連れていく。そして次のような言葉を足した。

「まあ、靴でも脱げや、話を聞こう……」

しかし別な四人が現れて、「問答無用」と叫びピストルを乱射した。これが道子氏が、一部始終を目撃する形となった母親からの証言を引いて記述した内容である。

私は、現場にいてこのやりとりを見た道子氏の母の証言を全面的に信用する。「話せばわかる」とは言っていない。「話を聞こう」と言ったのが事実とするならば、なぜ話せばわかるといった語でこの光景が語られることになったのか。戦後民主主義を例示するかのようにすりかえられたのだろうか。「話せばわかる」と「話を聞こう」の間にある無限の開き。私は道子氏の証言や記述の中には、この開きについての絶望感を覚えるのだ。

言論が暴力に屈服する図。それがこの事件の本質であるにしても、「話せばわかる」という表現がこの本質を言い当てているといえるのか否か。

「話の政治」の終わり

暗殺された犬養首相の最後の言葉は、「話せばわかる」だったとされた。この言は戦後の教科書でも紹介されて、戦後民主主義を象徴する一句として喧伝されることになった。

だが犬養道子氏によるなら、「この伝説の言葉については、現場証人の母(保阪注・道子氏の母)の証言うらづけはない」と著書(『ある歴史の娘』)で書いている。

犬養家に長年仕えていた「古参の女中テル」の証言も、流れる血の中から犬養が命じたのは、「『いまの若いモンを呼んで来い』であって、『話せばわかる』は語られなかったのである」となっており、これが正しいとしている。

道子氏はなぜこんなふうに語り伝えられたかと、疑問を呈している。確かに「話せばわかる」と言えば、教育的であり、地元選挙区の小学校の校庭の記念碑などに刻みこむには持って来い、という。しかし、といった筆調で綴っている。

「お祖父ちゃまと言う人はこんな一語を麗々しくのこすにしてはもう少々、わけ知りの人であった筈だと、私はいつも思っていた」

そのうえでこの時代は、「話せばわかる」程度の生やさしい時代ではなかったという。話して聞かせてわかる時代だったと仮定しよう。満州事変・日中戦争、太平洋戦争にまで軍部に引きずられていく時代でありえようはずはなかったというのだ。犬養は「話の政治」が終わりに近づいていることを意識しながら、せめて議会制度の最低限を守ろうと、不可能と知りつつ時代に「良心」を戻そうと企図して倒れたということだろう。

話してわからぬ時代だから五・一五事件があり、高橋是清、斎藤実などが亡くなった二・二六事件が起こったのである。それだからこそ「話せばわかる」の一語だけで、後世に伝えようとするのは、どこかおかしいのではないか、この一言で世の中がよくなると考えるのは歴史の本質を忘れさせてしまうと道子氏は言っている。私もまったく同じ論理で同調する。

道子氏はさらにその著(『花々と星々と』)で記す。肉親の一人(女性)が、見舞いや善後策の打ち合わせに来る閣僚の中に荒木陸相を見つけ、近づいていき低いが強い声で「荒木さん、あなたがやった!」と迫った。「とたんに正装の大臣が崩折(くずお)れて畳廊下に両手を突き、長い間背を震わせていた」。道子氏の記憶の中に一片一片の絵が刻まれている。

この事件を犬養家の側から見つめること、それが今の時代、とくに必要なのではないか。

張学良から金をもらった噂

「話せばわかる」という表現は、それだけで存在するわけではない。「その話なら」と限定された言葉と対になって使われるはずである。では「その話なら……話して聞かせればわかる」というときのその話とは一体何だったのか。

原田熊雄の日記には、「(犬養総理の暗殺事件は)噂によると、張学良の倉庫の中から日本の政党の領袖や大官連の署名ある金円の領収書が現はれた中に、犬養総理のものも混つてゐたとかで、(青年士官が)張学良から金をもらつた一件を難詰しようとした時に、総理はこれに対して、『その話なら、話せば判るからこっちに来い』と言って……」そして撃たれたというのだ。

原田熊雄の耳にこういう噂が入るのだから、政治レベルでは相当に上層部の間で、意図的に撒かれたのだと想像できる。むろん陸海軍の若手の決行者たちの行為を弁護するための政治的噂であった。この手の蜚語の流布（ほかにもたとえば、中野正剛が東條英機の命令で逮捕されたのはコミンテルンのスパイだったからといった噂など）は、ほとんどが陸軍の憲兵隊が意図的に流して弾圧やテロを正当化しようとしていたのであった。

噂の内容に道子氏は、具体的に反証している。原田日記によって、この噂を知ったとき、道子氏はすぐに「一九三〇年代――多分三年か四年――の、ある薄暗い午後に連れ」戻されたというのだ。もし原田熊雄（犬養家の知人でもあった）が、日記にこの噂を書かなかったら、道子氏はこの記憶を呼び戻すことはなかったであろうとも書いている。そしてこの記憶の詳細を語っていく。

「あれは、お祖母ちゃまの御隠居所が出来たころ」と筆は進む。夫の毅が亡くなって一人で暮らすことになり、麻布笄町にその隠居所はつくられた。道子氏の父・健が「おかあさん、さみしかありませんか」と慰めると、胸元を勇ましくポンと叩いて、「お祖父さんがいなくなりなすった。あたしがしとりになったのはほんとのことでござんす。あたしゃ、しとりがけっこうでござんす」と答えたというのだ。その「お祖母ちゃま」の部屋に運ぶ毅の荷物を整理しはじめた父の健が、道子氏に「張学良の手紙」の書簡箋をとりだして見せたというのだ。

いうまでもなく張学良とは張作霖の息子であり、満州全土に青天白日旗をひるがえして抗日の意思を示した「青年元帥」。日本の関東軍の参謀からは憎悪の目で見られた人物でもあった。当時の日本では、「馬賊の倅（せがれ）」とバカにしたような表現で紹介されていた。その彼からの手紙であった。道子氏の表現を借りることにしよう。

「純白のリネン布にも似た極上の西洋紙が、中央にくっきりとみごとな楷書体を盛り上らせている濃緑の装飾用印刷インキの影」、その影の文字「張」という一字は美しい字であったという。まるで「英国貴族の書簡箋」であるかのようだった。書体もみごとでまさに教養人の筆致である。父はその書簡を読んですぐに同じように畳み、元通りにしまいこんだ。パパ、何て書いてあるの、と問う道子氏にしばらく黙していた。そして「お祖父ちゃまに甘えたのさ」と答えた。

孫文の辛亥革命を支援

五・一五事件から二十八年後の八月二十八日に健は病死する。犬養健は、戦前は白樺派系の作家でもあり、戦後は政治家、吉田茂内閣の折、法務大臣に就任したが、佐藤栄作自由党幹事長逮捕（収賄容疑）を阻止するため指揮権を発動。その後辞職。悲劇の政治家であった。道子氏は健の遺稿メモを読み、改めて張学良の手紙の内容を知る。その密書は、「閣下の中国理解の深さに信を置き、ここに私信を送って、敢(あえ)てお願いしたきことあり」で始まっていた。

それは「満州で日本軍に抑えられてしまった財産一切——亡父張作霖遺品を含む——が何とか手元に返るよう御尽力願えまいか。財産私財と申すが、書物である、古美術である、書である、拓本である……」といった内容である。健のメモには、犬養は確かにこれらを返すべきであると考えたことを記す。歴史的にみればそれは実っていないので、犬養とすればきわめて不快なことであったのだろう。

道子氏は健のメモからこのことを知り、ある推測を試みている。満州事変後、関東軍は郵便物に目を光らせているに違いなく、抗日の指導者、張学良が犬養首相に宛てた書簡など見逃すはずはない。当然、張学良とてそのことはわかっているから、密書として直接人から人にと伝わって届いたのであろう。「中国の人は義理と礼を欠くことを決してしない」と道子氏は言い、この密書の中に前もって「私財捜索・返却輸送に必要と思われる金(きん)子(す)小切手を、信を置くただひとりの日本人のため、ひそかにおさめたのではなかったか」

と書いている。

犬養は律義に受取を使いの者に託し、同時に首相として満州の領事館と各方面に、遺品を張学良に返却せよと電報を打った。しかし、関東軍にはそのような配慮を行う人物はいなかったのである。その不作法が歴史の中に示されたままなのである。道子氏はそのような考えを持った。

孫文の辛亥革命を支援した犬養毅は、そのときの同志、萱野長知（かやのながとも）を密かに満州に送り、中国国民党の人脈にこの事変の処理についての方向性を打診している。しかし、この秘密工作は書記官長森恪に知られ、関東軍の石原莞爾に極秘電報を打ち、萱野の動きを封じただけでなく、萱野が現地から犬養宛てに打つ電報もまずは自らのもとに届くようにして、その連絡を封じたというのである。道子氏はこうした史実をどのようなルートで確かめ、そして、このように歴史の記録として書き残したのだろうか。

犬養内閣の外相は芳沢謙吉である。外務官僚であった。大正十二年には駐中国公使を務めている。芳沢夫人は、犬養の娘であり、いわば中国通の外交官として岳父を支える立場にあった。その芳沢ルートから、道子氏はこうした内幕を確かめていたように、私には思えるのである。

風評、中傷には弁解しない

犬養首相には孫文を支援したグループの同志として前述の萱野や平山周、頭山満、宮崎滔天（とうてん）、山田純三郎など多彩な人物がいる。犬養はこうした人物を通して、蔣介石に連なるルートを持ち、もし犬養内閣が続いていたら中華民国との間で、外交交渉が進んだであろうことは容易に推測される。もっとも道子氏が説くように、書記官長の森恪や陸軍大臣荒木貞夫の更迭は必至のことだったろうが。

犬養の人脈につらなる評論家で、のちに政治家となる古島一雄は、犬養の側近中の側近だが、犬養は明治四十四（一九一一）年の辛亥革命のあと中国を訪問した折、遺書を書いていたという。その後書きかえた節もあるにせよ、「墓碑には『備中庭瀬之人犬養毅』との み記して、位階勲等などは書かぬこと」とあった、とその著（『古島一雄清談』）に書いている。犬養は権勢を求めず、人物として質素で、一切の名誉、金銭を求めていなかった。古島は、そのことを近代日本史に立ち会った局面ごとに書き残している。風評、中傷には弁解しないのも「人間修練の一方法」と古島には洩（も）らしていたそうだ。

「先生が、張学良から金をもらったなどという中傷説を聞かれても、弁解されないだろうというのは、こういう実例を知っているからである」と古島は書き、しかし犬養の名誉を汚すような軍部の噂には不快感を隠していない。

平成五年か六年のことであったが、辛亥革命に協力した日本人の子孫がつくっている十五人ほどの会があり、私はそこに特別に参加したことがあった。梅屋庄吉の子孫が経営する東京・日比谷の松本楼に集まった人たちの話を聞いた。もとよりこの会は特別に名称があるわけではなく、食事をしながら雑談をするのであった。私は山田純三郎の子息・順造氏を取材で知っていて、この席に加わった。宮崎滔天の孫たちをはじめ何人かの人たちと会話を交わしていると、孫文をはじめあの革命の中心人物たちの顔が浮かんでくるほどだった。犬養家からの出席はなかったが、しかし歴史の中では、この会は相当に重みを持つはずであった。

孫文の死（一九二五年、民国十四年三月十二日）の折、その枕元で看とった中に一人の日本人がいた。山田純三郎である。満鉄の職員だったが、このころは孫文の秘書も務めていた。その四男・順造氏は、辛亥革命を語りながら、「犬養毅さん、頭山満さんのように国を動かす立場から協力した人と、父とか宮崎滔天さんのように庶民の側で協力した人がいます。そういう人たちにとって満州事変は、つまりはその協力のあり方の問い直しが始まったということです。日本の軍部の圧力は相当に大きかったのですから……」ともつけ加えていた。

順造氏は東亜同文書院を卒業しているだけに、中国への接し方にどのような徳目が必要かをよく知っていた。そういう人たちが、犬養首相の死とともに黙するようになったとも証言していた。

犬養家はどのように興ったか

「毅没後六十年」の追悼会で講演した折、康彦氏から犬養家に伝わる幾つかの史料のコピーを手渡された。「昭和史検証」のうえで役立ててほしいと言うのであった。

そのひとつに毅自身が、自らの家系を綴った「家記大要」という冊子があった。明治四十五年七月二十八日（はからずも明治から大正に移行する期にあたっていた）に「早稲田の草廬（小さな家）に於て病余執筆」した刷り物である。なぜこのような史料を残したか、毅は次のように書く。

「吾今年五十八、未た老と謂ふ可らす、然れとも吾友の已に世を去る者、生存者よりも多きを見れハ　吾も亦老境に入れるを覚ふ　是れ此一編を　作る所以也、蓋し吾子孫の為めに吾家系統の出る所、乃父祖艱苦の事蹟を示すハ　子孫の心ある者をして感憤興起せしむる一助ともならんか」

犬養家はどのようにして興ったか、「建は吉備津彦命の随身武士にして　命の西征ニ従ひて吉備国に来り　爾来綿々二千年」と書き始めている。もともとは犬養武とか犬養建と称し、「イヌカヒノタケル」と読んでいたが、自分の青年時代から犬養とのみ称することになったと書いている。この冊子は、青年期には新聞記者の体験を持つ毅だけに、家の興ったときから自らの少年時代までを一編の叙事詩を編むように書かれている。犬養家を貫く骨格は、進取の精神と学識への畏敬の念だということになる。その精神を継いでほしいとの児孫への願いが、この「家記大要」という犬養家伝来の冊子には貫かれている。

私はこの冊子と、私家版の岡山県郷土文化財団刊行の六百ページもある『犬養木堂書簡集』と『新編犬養木堂書簡集』の二冊を頂くことになったのだが、犬養毅は筆まめな人で日に三、四人に書簡を送っているのでは、と思われるほど連絡事項、日々の挨拶を書いている。まだ小学校低学年の道子氏、それに子息の健にもことあるごとに書簡を届けている。健には、幼少期にある道子氏や康彦氏に風邪をひかしてはいけない、元気に暮らしているか、と案じる内容が多い。この新編書簡集の最後の手紙は、昭和六年十一月ごろと推測されるのだが、首相に就任することになった折のようである。

「道子チャン、ヲヂーサンハコンゲツノスエカライゲツノハジメニカエリマス」

帰ったら遊びに来てください、との内容である。このような手紙を読んでいくと、毅は道子氏を慈しみ、愛し、そして人生の機微を教え込んでいたと理解できる。道子氏の研ぎ澄まされた感性は、祖父じきじきの教育だったといえるのではないか。

ソ連赤軍の特別記念切手

道子氏は十一歳のときに、祖父の死に出合い、そして十五、六歳の折に父・健をよく訪ねてくる一人の友人に注意を向ける。のちにゾルゲ事件で逮捕される尾崎秀実である。道子氏はあるとき、母親に、「ママ、尾崎さんの眼、何か気がついた?」と尋ねた。感性の鋭い少女はその視線が人を見て変わることに気づいたというのである。道子氏は今度は昭和十年代に父、健を通じてこの事件に出合っていく。

祖父が五・一五事件で殺され、父が昭和十六年十月に逮捕された元新聞記者尾崎秀実を中心とするゾルゲ事件に巻き込まれた道子氏は、その鋭い感覚でその本質を見抜いていったように思える。ゾルゲ事件について道子氏の側から見ていくと、改めて真実の影が浮かびあがってくることに気づくのだ。

毅がテロで倒れたあと健は、もとの政治家に戻ると同時に、近衛文麿らとの交友関係で各種の勉強会に顔を出したり、昭和十二(一九三七)年の第一次近衛内閣では、参与官を務めたりしている。軍部とは一線を画している政治家でもあった。この近衛内閣には、近衛周辺の人脈が集まっていた。尾崎もまた嘱託といった肩書を持ち、政権中枢に出入りしていた。日中戦争勃発後、健は「日支関係」を正道に戻すために尾崎と連絡をとって、近衛のブレーン役を務めてもいた。

その尾崎は、切手集めをしている高校生の道子氏にときどき珍しい切手を届けてくれた。健と尾崎の往来が頻繁になると、道子氏は尾崎と会う回数も増えるのだが、しだいにその人を見て変わる視線が気になり、母に伝えると、母も「ほんとうにいい人なんだけど……わからないところがある。尾崎さんの眼に。気をつけてとパパに言ったんだけど……」とだけ言った(『ある歴史の娘』)。それ以上は言わなかったというのである。

あるとき尾崎は、道子氏が英領ギアナの一九〇〇年の切手を二枚持っているのを見て、それを欲しがった。尾崎も切手を収集していたからである。尾崎は自分の持っているものと換えないかと言うが、道子氏は断る。そんなとき、道子氏と二人になって話したいと言い、意外な申し出を受けた。私の郷里にあずけてある荷物の中に、日本では決して手に入らない、珍しい切手がある、それをあげると言う。「どこの国の切手?」と尋ねる道子氏に尾崎は口をにごす。「その切手と出どころを人に見せない言わないなら全部上げる」と言って、「日本がつきあいを好まないところの切手なんだ……」とも付け足した。

昭和十六年の秋(道子氏はその著に「秋」とだけ書いている)、連絡があり尾崎が犬養家を訪ねてきた。そして密かに道子氏に、紙に包んだ切手を取り出して机に並べたという。百枚ほどだ。道子氏は書いている。

「私は思わず息を呑んだ。すべてはソ連赤軍と共産党の特別切手記念切手であったから。私はそれらから眼をはなすと顔を上げて尾崎さんを見た。頭の中で何かが忙しく回転しはじめた。彼は私をじっと見ていた。笑わない眼で見ていた。私は何かしら彼の『信』のようなものを感じて感動した」

ゾルゲ事件の闇

その五日後、尾崎は逮捕されている。ゾルゲ事件である。この事件は要は、ドイツ紙の特派員として日本に滞在していたリヒャルト・ゾルゲが実はソ連のスパイとして、日本国内に網を張っていたが、そのゾルゲに日本側でもっとも協力していたのが尾崎だったというのである。尾崎が逮捕されたのは昭和十六年十月十五日で、ゾルゲが十八日であった。第三次近衛内閣が倒れて東條内閣が誕生するときであった。実はこの事件には現在に至るも不透明な部分が幾つかあるのだが、しかし尾崎が朝日新聞の記者であったというので、同僚記者たちもその後逮捕されている。

軍部はこの事件を利用して、近衛周辺に反国家的分子がいる、あるいは軍部に批判的な人物がいる、との説を撒き、西園寺公一(きんかず)や犬養健なども逮捕している。健に対しては尾崎への協力といった理由なのだが、五・一五事件時の反軍部的感情を持つ人たちへの厭がらせ、あるいは健は昭和十五年に汪兆銘の担ぎ出し工作などを進めているが、そうした動きへの牽制の意味もあっただろう。健の逮捕は、東條政権が見せしめのために行ったことはまちがいないだろう。

健逮捕の日、特高警察十数人が犬養家へ徹底した家宅捜索を行った。道子氏の記述をやはり前述の書（『ある歴史の娘』）から引用しよう。

「特高十数人の、風呂桶の中から焚き口の奥までしらべる家宅捜索の間じゅう、私はかくすひまもなかったその切手のことばかり案じていた。音に聞えた特高警察は、寝所の引き出しの中の靴下まで振ったからである」

こういう特高の家宅捜索を見ているうちに、道子氏は実に思い切ったことを行った。これもやはり引用しておくべきであろう。

「彼らを案内して（略）勉強部屋に入ったとたん私は咄嗟に気づいて大胆不敵なことをした。一世一代の気持で。入口でノートに何か書きこんでいる特高の数秒の隙に、入口わきの棚に置かれていた切手帳をひきずり出すと大きくひろげざま、ベッドの上にほうり出した。特高が見ずに帰ったのはすぐに眼についたその切手帳つまり盲点だけであった」

のちに特高が切手帳など見ることはなかったと思うが、しかしもしこれが見つかって拷問されても、私は決して裏切らないとだけ覚悟していたという。スパイとか売国奴と尾崎に悪口雑言が投げられていても、「尾崎秀実は私の友人であった」というのである。道子氏自身、尾崎からはいろいろなことを教えられたと、昭和十年代初めのころの思い出を綴っている。

この切手帳にはまた後日譚(たん)がある。昭和二十一年の冬、日本は戦争に負け、アメリカを中心とする連合国の占領支配を受けている。道子氏は東大の学生などと共にセツルメント(戦災孤児支援活動)に関わっている。しかし資金がない。切手帳は戦時下も部屋の一隅に置かれていた。英領ギアナ、それにソ連赤軍の切手などを含めて数千枚ある。セツルメントに協力している米軍将校に、切手帳が売れるか聞いてみた。「かなり高い」との答えが返ってくる。

この国の光と影

母親は「売っていいの」と驚く。「惜別の涙がそのときになって急に私の頰をあとからあとからぬらした」と道子氏は書いている。

この切手帳は、GHQ(連合国軍総司令部)の将校に高額な値段で買われた。とくに赤軍関係の切手がずいぶん高い値段になったというのであった。尾崎秀実の「人なつこい笑顔」が浮かんできたと道子氏は書いている。戦災孤児を助ける資金になったというのである。

道子氏は、健が逮捕されてからの日々を書く。国事犯として縄で結わえられた手錠姿の父を見た。世間というもの人間というもの、それがいかに掌(てのひら)を返すように変わるか、その百態を語っている。犬養家に出入りするのを自慢にしていた商店主が、「『先代からして陛下の軍人に殺された』『非国民の』家への配達をことわって来た」という具合である。そして次のような一節もある。

「たれもかれも、かかわりあいを恐れて寄りつくのをやめた。家に石を投げ入れ、外出すれば石をほうり唾を吐く人に会うこともめずらしくはなくなった。母は静かに言った。道ちゃん、世間とはこういうものです、驚いては駄目よ。そして彼女はわれわれの素姓を知らぬ他の町に米を二、三度買いに行った」

逆にこれまで機嫌とりや利のために近寄ることがなかった人が、「国事犯」の家なればこそ励ましに近づく勇気を持っていることを知った。門の前に立つ刑事を恐れることなく、家族を慰めるためにかよってきた。そんな人に限って、軍人のテロに殺されたり、東條憲兵政治のために投獄されることが、あたかも勲章になる時代に、「礼も笑って受けず、わが家の取巻き連中から遠くはなれて去って行った」と書く。そんな人を道子氏は「恩人」と考えているというのである。

健は結局、裁判では無罪になるのだが、しかし道子氏とその家族は、「世間とはこういうものです」という言葉の意味をかみしめていた。道子氏は、五・一五事件の祖父、そしてゾルゲ事件の父、を通して、昭和の歴史の暗部を見ただけではない。その二人を通して、この国の光と影をあますところなくたっぷりと見たのである。そのような道子氏が、この二つを書いたときの作品のタイトルに、『花々と星々と』『ある歴史の娘』といった奥行きの深さを示す意味を与えたことは示唆するところが大きい。

道子氏は、自らの身は〈歴史〉の中に、それも重大な局面で位置づけられているとの実感を持ったのではなかったろうか。そしてその思いを文筆家として書き残したようにも思う。『新編犬養木堂書簡集』によると、祖父・毅は孫・道子氏を溺愛したことがわかる。自分の別荘などにも遊びに来るよう何度も手紙を出している。「スナアソビ・ブランコ・スベリダイハ、ソノママアリマス、ミチコサンワナゼキマセンカト、ブランコガマッテオリマス」といった文面である。

私が道子氏の全集（『犬養道子自選集』全七巻）をすべて読んだのは平成十年を過ぎてであった。犬養家の毅没後六十年のあの講演から十年近くのちのことだった。あのときの道子氏の私への忠告は、実は、道子氏の自戒を含んでいたと気づいて、祖父・毅の弱点も見てくださいと言ったのは、その弱点を指摘することが、真に毅を悼むことだということがわかった。それこそが歴史上の存在に畏敬の念を持つことだと知ったのである。

第五章

渡辺和子は死ぬまで誰を赦さなかったのか

提供：共同通信社

政治テロ一部始終の目撃者

二・二六事件(昭和十一年)は、さまざまな人たちの人生を変えたが、むしろ歴史はそう簡単にはその本質を忘れないという言い方もできるのではないか。事件から八十年が過ぎたとき、一人の女性が静かにその命を閉じた。事件の節目の年、この女性は事件の折に殺害された父・渡辺錠太郎のもとに旅立ったのである。

この女性、渡辺和子は学校法人ノートルダム清心学園理事長のポストに就いていたが、同学園は「(理事長で)シスター渡辺和子は、二〇一六年十二月三十日に満八十九歳で帰天いたしました」と発表している。膵臓(すいぞう)がんのためにこの学園内にある修道院で亡くなったという。晩年に上梓したエッセー集『置かれた場所で咲きなさい』はベストセラーとなっていた。

わずか九歳で青年将校や兵士たちに父が機関銃で撃たれたその現場にいて、一部始終を目撃したのが渡辺和子だった。渡辺が両親と共に寝ている時間、午前六時ごろ青年将校と兵士らは渡辺邸に侵入し、それで三人は目を覚ましたのである。父は渡辺を揺り起こし、母のもとへ行くように命じ、自らは暴漢に立ち向かう態勢になっていた。一度は父のもとを離れた渡辺だったが、心配になって再び部屋に戻ると、「どうして戻ってきたのか」と思ったであろう父は、部屋に立てかけてある座卓に隠れるように目で合図した。

その寝室で軽機関銃を持った兵士たちが、父を狙って乱射し、そして父も拳銃で応戦して撃ち合いになっている。まさに渡辺錠太郎は見る影もなく殺されたのである。この辺りの事情を、私は平成二十八（二〇一六）年一月七日岡山での四時間余に及ぶインタビューで確かめたのだが、座卓の蔭で一部始終を見た渡辺は以下のように語っていた。

「（将校や兵士たちの機関銃の）タタタタタッと銃声が響きわたりました。まず父の足を狙って撃ってきたのです。『ああ、逃さないためだな』と思ったときには、血や肉片が壁や天井にまで飛び散り、父の片足は一瞬にしてほとんどなくなっていました」

「兵士たちが去った後、座卓の蔭から出て『お父様！』と呼びかけましたが、返事はございませんでした。母が飛んできて、父の姿を一瞥（いちべつ）すると『和子は外へ行きなさい』と言い、その後は姉が万事運んでくれたようです」（証言はいずれも月刊『文藝春秋』二〇一六年三月号より）

九歳の少女の体験にしては、あまりにも重い。少女は政治テロの生々しい現場を見たことになるのだが、いずれにしても「昭和史」のある時代の実像を自らの目で確かめて生きることになったといえるだろう。

昭和という時代との闘い

その後、渡辺は戦時下にカトリックに入信し、そして修道院生活にも入り、戦後はシスターとしての人生、あるいは教育者としての人生を歩んできた。その一生はもとより宗教者であり、教育者であるということになるが、私は渡辺の生き方の中に昭和という時代との闘いといった側面があると考えてきた。

信仰によって昭和のおぞましい記憶を超克しようとする闘いに、私は密かに声援を送る側にいた。渡辺の書いた書籍やその証言に、強い信頼感を持つというのが、二・二六事件に対する私の理解の土台にあるべき姿勢と考えていたのである。すでに平成二十五（二〇一三）年には膵臓がんと宣告されていたが、表面上はそのような兆候も見せずに、私のあらゆる質問に答えてくれた。温和な表情で、やわらかい日本語が口をついて出る半面、自らの人生を左右することになった二・二六事件について、胸の内につかえている感情を幾つも正直に語ってくれた。

それらの証言は、私にとって〈昭和の影〉の部分をはからずも浮きぼりにしてくれた。たとえば「赦し」ということである。私が赦しの心をどのように持つべきか、といったことを質したときに、渡辺はきわめて示唆に富む言い方をした。

「私たちの心の中に争いの種はあります。それは人間の性といってもいいでしょう。それを受け止めなければならないのは、いつの時代も同じなのです。苦しさを抱え込んで生きるという意味にもなります。しかし、復讐の感情に身をゆだねれば、心の中の争いという苦しみはいつまでも連鎖を続けるだけだと思います。ではどうすればいいか、何をすればいいか、ということになりますが、私は自分の小さな世界の中だけでもいいですから、できるだけ人を赦して笑顔で過ごしているのです。家族や友人への優しさ、そしてその延長としての優しさなどが大切ということになります」

渡辺の書いた『置かれた場所で咲きなさい』は、そういう自らの生き方を綴った書であった。こうした話を聞きながら、話はしだいに二・二六事件の自らの体験をどのように人生の中に抱え込んでいるのか、という点に移った。私は、「お父上の命を奪った人間が悪いのではない。もっと大きな構図があり、その中で事件が起こったということでしょうか。そのような考えに達しているということになるのでしょうか」と尋ねた。すると渡辺は、

「二・二六事件は、私にとって赦しの対象からは外れています」

と断言したのである。その瞬間、私は不意に涙が出そうになった。これは私の意見になるのだが、渡辺の心中には「赦し」というのは、「二・二六事件以外……」との意味を含んでいたのである。このとき渡辺は八十八歳であり、九歳のときの体験から八十年を経て

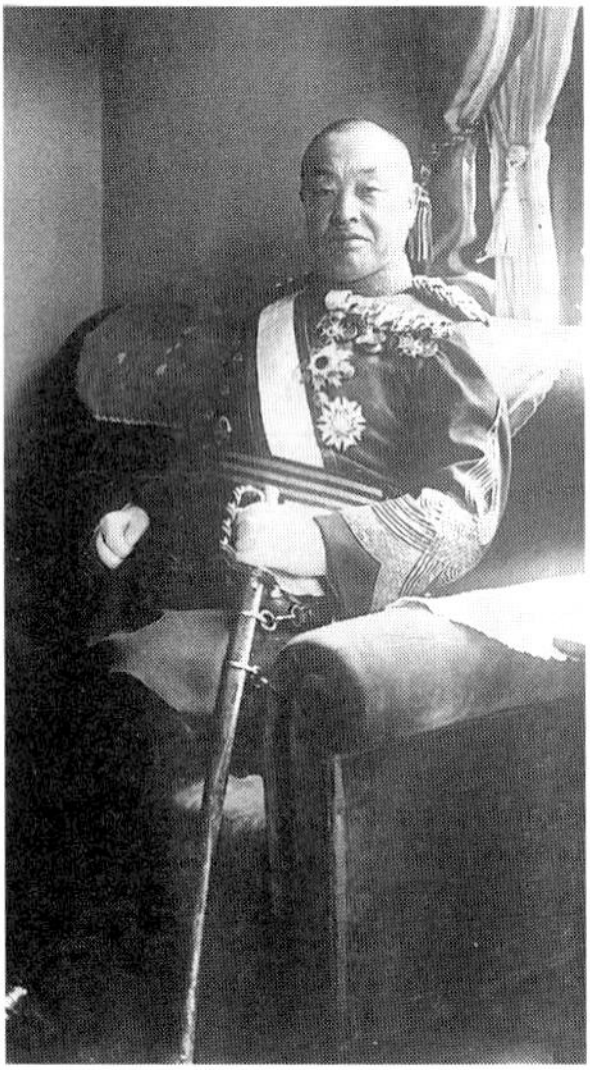

兇弾に倒れた渡辺錠太郎陸軍教育総監

いる。

にもかかわらず二・二六事件は「赦し」の対象外であると話したときに、そこに偽善も虚飾も、そしていかなる麗句も排した闘いの本質（それは歴史的な証言ということになるのだろうが）が込められているように思った。

「黒幕」の指導者を赦さない

渡辺は二・二六事件について、多くの書を読み、父・錠太郎周辺にいた人たちや旧軍人などからも話を聞かされ、自分なりに事件についての輪郭をつくっていった。その枠組みは私にもよく理解できた。

渡辺錠太郎という軍人は豊かとはいえない家庭で育ち、本来なら旧制高校、帝国大学と進みたいと思っていたが、つまりは学資を必要としない軍関係の教育機関で学んだ。若い将校のころから月給の半分は書籍代に使ったといわれているだけに、軍人としては珍しく学究肌のタイプであった。昭和の軍内にあっては、天皇を神権化するグループとは一線を画し、むしろ美濃部達吉の天皇機関説を評価していた。永田鉄山らにも期待されていた指導者でもあったのである。

そういう理知的な性格や仕事ぶりが、荒木貞夫や真崎甚三郎を頂点とする皇道派の軍人たちには目障りだったのだ。

したがって事件に対する渡辺の見方は、「私がもし怒りを持つとするならば」という前提で、「父を殺した人たちではなく、後ろにいて逃げ隠れをした人たちです」との理解に立っている。

たとえば渡辺は、真崎に対して強い不信感を持っている。真崎は人事をめぐって渡辺錠太郎に強い不満を持っていて、それが事件の遠因だとの説もあるほどである。

真崎は事件直後は、青年将校たちに対し、「君たちの精神はよくわかっている」と言っておきながら、昭和天皇が「断固討伐」を命じたと知ったあとは、態度を一変させている。渡辺はそのような態度に不信感を持ち、こういう生き方の中にある人間の醜さに、強い怒りを持っていることもわかった。それは決行者である青年将校や兵士だけではなく、彼らの「黒幕」でもあった指導者を赦さないとの意味でもあった。まさにそれは「赦しの対象外」だったのである。

渡辺がカトリックの洗礼を受けたのは、十代の終わりでしかも戦時下であった。そのきっかけになったのは、友人たちに「和子さんは鬼みたい」と言われ、自らの性格やきつい表情に愛想尽かしをしていたためという。むろん本人は直接には語らないにせよ、それは九歳のときの記憶から逃れられないとの意味を含んでいたのであろう。

渡辺はあるエピソードを具体的に語った。

父の「愛」を実感していた

日本銀行岡山支店の支店長は、代々ノートルダム清心学園の大学の授業で非常勤講師として経済学を教えることになっている。あるとき真崎甚三郎の係累の者がそのポストに就き、講師になった。渡辺に「誤解なさっているかもしれませんが、真崎は決してずるい人間ではありません」と言ったという。

ＮＨＫの岡山放送局から、真崎と渡辺の出演する番組をつくりたいと申し出があった。真崎の側は熱心だったようだが、渡辺は断っている。そうした話を続けながら、年賀状にも自分は返事を出さなかったというのである。

実は二・二六事件にはいまも不可解なことが幾つか解明されないままに残っている。たとえば、渡辺を警護するために二人の憲兵が終日泊まり込んでいたのに、彼らはこの日の早朝に電話を受けたといわれているにもかかわらず、それが錠太郎や家族に伝えられていない。二人の憲兵は、「二階で身支度をしていた」と言い逃れている。

憲兵畑には皇道派が多かったせいもあるのだが、こうした一件をつぶさに検証していくと渡辺が指摘するようになんらかの「構図」が浮かび上がってくるのではないかと、私も想像している。

渡辺にとって——これは私の推測になるのだが——九歳のときにあまりにもひどい惨劇を目撃し、そしてもっとも愛していた父の無残な死を実感したことは、人生そのものを規定したことだろう。人は「赦し」の感情を持てるか、という問い自体、渡辺には酷な質問だということが私にもわかった。昭和史とはある人にとっては、残酷で、そして赦しの対象外の歴史そのものだということにもなるのだろう。

私が渡辺和子氏に行った長尺インタビューの内容の一部はすでに紹介したとおりだが、やはり歴史的証言となる二・二六事件についての発言は正確に残しておかなければならない。そこでインタビューを抜粋して掲げておこうと思う。

保阪　何冊もの御著書が話題を呼んでいますが、渡辺先生が二・二六事件で父上を亡くされたことを知らない人も多いのではないでしょうか。

渡辺　父のことはあまり書いておりませんので、本をお読みになるまではそうかもしれませんね。

私は、もともと書くことはあまり得意ではなかったのですが、雙葉高等女学校にいた頃、先生が、私の作文を皆の前でとても褒めてくださいました。それは二月二十五日、父が亡くなった前夜のことを書いたものでした。父がいつものように「和子、風呂に入るかい？」と声をかけてくれたのですが、私は「今日はお母さまと入る」と断ってしまった。父を喪ってから、そのときのことをものすごく後悔しまして、作文に綴ったのです。それから少しずつ物を書くようになりまして、『置かれた場所で咲きなさい』は、修道院に入ってから書き溜めた文章を集めたものです。

私は四人兄弟の末っ子でした。父が五十三歳、旭川の師団長だったときに産まれた子供でしたので、それは可愛がられました。

保阪　年を重ねてからの子供は可愛いと言いますから、さぞ可愛がられたでしょう。

渡辺　私は父が仕事から帰ると、いちばんに飛んでいきました。父もそれを喜んでくれて、ポケットから、当時〝ボンボン〟と呼んでいた珍しい飴玉とか、宮中でいただいたものを私にくれるので兄たちは僻（ひが）みましたね。

年の離れた姉は女子師範、兄も東京大学、下の兄は近衛の中尉で優秀だったのに、子供の頃の私は劣等生。父の転勤が重なって幼稚園に行けず、小学校は学習院を受験したものの、落とされまして。でも、父はとても喜びました。「学習院なんかに行くな。それよりも民間の学習院と言われる成蹊に行け」と言ってくれて、私は荻窪の家から省線(現JR)で吉祥寺の成蹊まで通いました。

あるとき、成蹊で試肝会(きもだめし)があって真夜中にドキドキしながら武蔵野の林を歩いたことがあります。途中途中でお兄さんたちが脅かすんですが、それに耐えて私はきちっと歩ききった。そのときは父も気になっていたのか、馬で迎えに来てくれました。

保阪　お父様は士官学校、陸軍大学校を首席で卒業され、当時の陸軍の軍人には珍しく本をよく読んだ教養人として知られていました。華族や皇族が通う学習院とは違う教育を望まれたのでしょうね。

渡辺　学習院は「華族さんが行くところ」と思っていたんだと思います。

父はまるで二宮金次郎のような人なんですよ。愛知県で煙草商の長男に生まれ、家庭が貧しく、親戚の渡辺家に養子に出されました。あまり大事にされなかったのか、小学校は四年生までしか行っておりません。それでも、中学校に行った友達の教科書を全部暗記していたそうです。「錠さんは頭が良いから、士官学校を受けさせてやったら」と周囲の勧めで士官学校に入り、勉強をして恩賜の軍刀をいただいた。母はいつも「お父さまを見てご覧なさい」と私たち兄弟を叱咤しておりました。
成蹊は、創立者の中村春二先生の教育方針もあり、吉祥寺の駅からは必ず歩くことになっていました。駅から学校まで子供の足ではちょっと遠いのですが、五日市街道を雨の日も風の日も。服が破れても、先生は新しいものはいけない、継ぎ当てして着なさいと。父も母もそうした教育方針が好きでした。
保阪　二・二六事件の折の兵士たちの叫び声や会話を記憶していますか。
渡辺　声の記憶はありません。覚えているのは銃声だけです。
これは後から知ったことですが、わが家は陸軍技師の柳井平八氏が設計した頑丈なつくりで、玄関にあった二つの扉は軽機関銃で破壊しても開くことができなかったそうです。そこで安田（優）少尉、高橋（太郎）少尉ら青年将校と三、四人の兵士は裏手を回り、庭から土足で入ってきました。彼らは父に銃を連射したあと、剣でとどめを刺して引き上げていきました。父はドイツに留学中、大会で優勝するほどの銃の名手でしたが、誰の命も奪いませんでした。父ひとりが死んだのです。
保阪　その一部始終を傍らで見ていたのですね。裁判記録を読むと、襲われたときのおふたりの姿が想像されます。

渡辺　ええ。兵士たちが去った後、私は隠れていた座卓の蔭から出て「お父様！」と呼びかけましたが、返事はございませんでした。母が飛んできて、父の姿を一瞥すると「和子は部屋から出て行きなさい」と言い、その後は姉が万事運んでくれたようです。

検死が済み、父に再会したときには身体のほとんどが包帯で巻かれていました。わずかに出ていた額に掌を当てると、ひんやりと冷たかったのを覚えています。「死ぬということはこういうものかな」と思いました。涙は一滴も出ません。母も一切取り乱しませんでした。

保阪　二・二六事件は、単純に青年将校が決起した事件ではなく、荒木元陸相や真崎大将ら、いわゆる皇道派の将軍が青年将校を煽った結果起きたとする説が有力です。真崎の事件への関与の度合いは諸説ありますが、青年将校の不穏な動きに同調していたことは疑いない。お父様の口から二人の名前を聞いたことはありませんか。

渡辺　父からはありません。父が亡くなってから、色々な話を伝え聞きました。私がもし腹を立てるとすれば、父を殺した人たちではなく、後ろにいて逃げ隠れをした人たちです。

保阪　荒木、真崎など陸軍の指導者ですね。

渡辺　はい。私が本当に嫌だと思うのは、真崎大将が事件直後、青年将校に対し、「君たちの精神はよく判っている」と理解を示しながら、昭和天皇が断固鎮圧をお命じになると、態度を一変させたことです（真崎は軍法会議では無罪）。軍人なのになぜ逃げ隠れなさったのか。そういう思いは今も持っています。

　母は、私が二十歳の頃、「和ちゃん、今の天皇さまに決して弓を引いてはいけませんよ。陛下のおかげでお父様の面目が立ったのです」と話していました。事件の発生当初、政府と軍部は青年将校たちに優柔不断な姿勢だったのに、昭和天皇が自ら兵を率いて鎮圧にあたるといってくださったから、青年将校たちは反乱軍になったのだというのです。本当にそうでした。母は、昭和天皇の厳しい姿勢に心から感謝しておりました。

　戦後になってあるとき、こんなことを言っていたこともあります。ポツリと「和ちゃん、お父様はあのときにお亡くなりになって良かったね。あのときに、死んでいらっしゃらなかったら、今頃軍事裁判にかけられて、絞首刑になっていたかもしれない」と。昭和史を研究している方からも、父が生きていたら山本五十六さんのように不承不承開戦を認めざるを得なかっただろうと聞くこともあります。父には、そういう運命が待っていたのかもしれません。

保阪　事件後、関係者との交流はありましたか。

渡辺　父の五十回忌の年に、私は、処刑された青年将校が眠る東京・麻布の賢崇寺（けんそうじ）に参りました。実はそれまで、反乱軍の一人である河野寿大尉のお兄さんであり、仏心会（青年将校らの遺族会）会長の河野司さんから毎年のようにお誘いがあったのですが、一度もうかがっていなかったのです。

でも、その年は五十回忌の年でしたから迷いました。二・二六事件を取材された作家の澤地久枝さんや、昭和史研究家の高橋正衛さんにご相談したところ、お二人から「行っておあげなさい」と背中を押されたのです。「汝の敵を愛せよ」というつもりで行ったのではありません。本心では行きたくはありませんでした。父がよく言っていた「敵に後ろを見せてはいけない」という言葉を思い出して参ったのです。

保阪　お一人で行かれたのですか？

渡辺　はい。私が唯一、被害者側の遺族でした。お墓には行かずに帰ろうとしたところ、外で澤地さんがお花とお線香を持って待っていました。気が進みませんでしたが、修道者として自分を律してお参りをしたのです。

お参りを終えると、安田少尉と高橋少尉の弟さんが滂沱の涙を流して立っていました。そして「これでようやく僕たちの二・二六が終わりました」と仰しゃるのです。心の中では、なぜこの方たちから「二・二六が終わった」と聞かなければならないのと思う気持ちもありました。二人は続けて、「本来なら自分たちが先に閣下をお参りすべきなのに、誠に申し訳ございません。つきましてはどちらにご埋葬ですか」と尋ねるので、父の眠る多磨霊園の番地をお伝えしました。それからお二人は毎年のようにお参りをしてくださっています。安田さんには年に五回もお参りをしていただいたこともあります。

保阪　渡辺さんがご著書をいくつもお書きになって多くの読者から支持されていると知ったら、お父様はどう思われるでしょう。

渡辺　喜びますでしょうね。私が自分の本を読んでもらいたいと思ったのは、社会でうまく行かず打ちひしがれている人、誰からも大事にされていないと思っている人、会社をやめようと思っている人たちでした。私がそういう人にお伝えしたいのは、自分が変わらなければ何も変わらない、誰かに咲かせてもらえると思ったら間違いで、自分が置かれた場所で咲かなきゃいけないと気付かなければダメよということなのです。

「置かれた場所で咲きなさい」は私が修道院に入った頃、ある神父さまに言われた言葉でした。修道院では苦労もあり、「ずいぶんひどい」と思うこともありました。私自身、辛いときはじっと耐えて根を下へ下へとおろし、「置かれた場所で咲く」ことを実践してきました。私にもこんな弱さがあるのよ、腹が立つこともあるのよと伝えたくて書きました。

四時間余のインタビューであった。私が礼を言い、理事長室を出ても、入り口に立って小柄な身体を丸めるように笑顔でいた渡辺の姿は忘れられない。

私はインタビューで、自分のプライベートを語ることなどまったくないのだが、敬虔なカトリック信者であった亡き妹、そして自らの立ち位置で誠実に生きた亡き妻を例にひき、人が「神」に仕える、あるいは誠実に生きる姿というのは、つまりは誰によって確認されるのかと問うた。私にとっての関心事だったからである。

渡辺は、私の質問に答えず、心の中でいつも、「お父様のおかげでこれができますよ」と父に語りかけていると洩らした。そのときに父の「愛」を実感するとの意味を語った。

昭和という時代の教訓を背負って生きた渡辺の言葉には、平成へ託す響きが宿っていたのである。

第六章

瀬島龍三は史実をどう改竄したのか

瀬島＝ソ連のスパイ説

瀬島龍三が九十五年に及ぶ生を閉じたのは、平成十九（二〇〇七）年九月四日である。四つの時代（大本営参謀、シベリアでの抑留生活、伊藤忠商事の経営スタッフ、行財政改革の臨調委員）を生き抜いたその生涯は、単に同時代人に興味を持たれるだけでなく、歴史的にも、昭和を語るときには異能の人物として独特の存在感を放つだろう。それほどこの人物は、多様な活動をしたことになるわけだが、それゆえに、というべきか、瀬島の歴史的体験の中に不可解な表現を重ね合わせる論者もいる。あえて瀬島論の中に不隠当なレッテルを貼ったりするケースもまた多い。

瀬島についてその死後も語られているのは、スパイ説である。もっと有り体にいうなら、元警察官僚であった佐々淳行は〈瀬島＝ソ連のスパイ説〉を一貫して主張している。たとえば著書『私を通りすぎたスパイたち』の中でも、瀬島をソ連のスリーパーだったと書いている。スリーパーとは、一定の社会条件を確保して有力な地位を築いたあと、特定の国のために情報活動を行うスパイを指しているようだが、瀬島は社会的立場を樹立したあとに、その役を担ったというのである。佐々は警視庁公安部の外事課長も体験していて、これは佐々からの直話証言でもあるのだが、「昭和三十年代、ソ連大使館員の尾行を続けていると、その館員と接触する日本人ビジネスマンがいた。それが瀬島だった」と断言している。

ただし、そのころはまだ末端の一会社員であったために、正式なウオッチングの対象にはならなかったというのだ。

しかし佐々の証言はあまりにも生々しく、真実であったとするならば戦後日本史の一部分は書き直し必至ということになる。私はそこまで断言することはできないが、瀬島にはそのような噂が飛ばされても不思議ではない面があるようには思う。

私が、瀬島の人物論を月刊『文藝春秋』誌に書いたのは、昭和六十二（一九八七）年五月号だった。原稿用紙（四百字）にして百枚を超える。このころは『文藝春秋』も調査報道に力を入れていたのでつごう六ヵ月もかけて、〈瀬島龍三とはどのような人物か〉を数人の取材スタッフを含めて調査、取材を続けた。行財政改革が一段落しているころで、この改革に辣腕（らつわん）をふるった瀬島とはどのような人物か、は読者の興味を引いた。

私は、大本営参謀として瀬島自身が語る史実の中に幾つもの不透明な部分があるように思えた。たとえば、昭和十九（一九四四）年十月の台湾沖航空戦では、大本営の情報参謀である堀栄三が出張先から、海軍の発表はおかしいところがあり、実際に空母七隻撃沈などはありえないとの報告をまとめ、海軍の発表を鵜呑（うの）みにしてはならない、との電報を送っている。しかしこうした内容の電報は真剣に検証されていない。むしろ台湾沖航空戦は真珠湾攻撃以来の大戦果だとして、国民的祝賀が演出された。なによりこの虚報によって、比島決戦は作戦変更になり、結果的に比島戦では五十万人の戦死者を出す状態になった。

相手の意図を理解する〝抜群の才能〟

昭和三十一（一九五六）年にシベリア抑留から戻った瀬島は、あえて堀と食事を共にし、あの電報を握りつぶしたのは私だったと告白した。誰もこの件については触れることはなかったが、昭和五十年代後半になってやはり大本営で作戦参謀の役を担った朝枝繁春らにより明らかにされた。私は前述の原稿をまとめるにあたって、堀に何度も会い、瀬島にも取材を行い、確認を続けた。

しかし瀬島は堀にそのような告白をしたことはないと言い、その著（『幾山河　瀬島龍三回想録』）の中でも、この件に触れ、「堀さんに『君たちがいろんな情報をあげてくれたが、その通りにいかないこともあり、済まなかった』と言ったように記憶している」と書き残している。

私は二人の証言や当時の記録を確認していき、堀の証言に信憑性があると思っているが、しかし、作戦課の中にあって、瀬島一人で電報を握りつぶすことが可能だったとは思えず、この点で瀬島の弁明は曖昧なままで、最終的確認はできずに終わっている。つまり、史実としては確定に至らない結果になっている。このほかクーリエ（伝書使）として、昭和十九年十二月にソ連に赴いた折の経緯については曖昧であったが、この点は私も取材で話を聞いているうちに、瀬島には大本営参謀として語ると誤解を与える事実については、不透明なままにしておこうとの計算があり、それがさらに幾つもの誤解を生むことになっているとの感も受けた。

私が瀬島と会ったのは、昭和六十二年三月二十三日と二十五日の二日間で、それぞれ四時間ずつ延べにして八時間余の時間、瀬島はあらゆる質問に答えてくれた。といってもその話し方には特徴があり、相手方の知識量や史実の理解力を試しながら発言するタイプだということがすぐにわかった。「昭和の参謀」を自称するだけに、話し相手の意図やその質問の意味を理解するのに抜群の才能を持つということも窺(うかが)えた。

私が会ったときは七十五歳であったが、記憶力は正確であった。もとより私は、瀬島に「スパイ説が流されているようですが」とは質していない。私には信じられなかったからだ。ただシベリア収容所での民主化運動や東京裁判にソ連側の証人として出廷した経緯などについて話を聞くことはでき、スパイ説は質さなかったにせよ、ソ連側に好意的な対応をしたことはあまりにも多くの証言で確認できた。もとよりそれをもってスパイなどということはできない。

前述のように『文藝春秋』で、瀬島の人物論を発表するやすぐに三つの事象が起き、私は驚かされた。そのことはこれまで充分に記していないのだが、その三つの動きは瀬島をソ連のスパイに仕立てあげる、あるいは、そのように見る人物や勢力がいかに社会に広がっているかを物語っていたのである。その三つの事象を以下に記しておきたい（断っておくが、当時、私は瀬島論として、とくに称揚したり、批判したりではなくごく客観的に書いたと自負する）。

収容所の「赤いナポレオン」

その第一は、公安関係の退職者からの手紙であり、とくにNと名乗る人物からのものは自らの動きとその感想、そして瀬島をスパイと断じる内容に満ちていた。公安関係者は、シベリアに抑留されていた人たちを赤化していると見る傾向はあるのだが、瀬島に関しては間違いなく赤化しているという。ソ連が関東軍の将校を工作員として使うために利用したうちの一人であろうという説にこだわりを持っていることがわかった。

しかし前述の佐々淳行の説く、瀬島はソ連のスリーパーという見方は、こういった公安関係者とはまったく別な立場であった。

東西冷戦下でのソ連の駐日大使館員を尾行していて、彼らが接触した中に瀬島がいたとの論は、高度の政治問題に絡んでいた。佐々は、瀬島はソ連の利益を代弁するとみていて、この人物を用いる政治家に強い不信感を持っていることを隠してはいない。

一九九〇年前後にソ連の社会主義体制が崩壊したあとに、ソ連の秘密文書などが一時的に公開されたことがあった。私は『月刊Ａｓａｈｉ』で連載を続けていたこともあって、その編集部員とともに何度かモスクワに赴き、東洋アカデミーなど一連の文書、記録を保管する組織を訪ねて、史料が公開されているのなら閲覧したいと申し出た。そのころ日本の新聞社、通信社、出版社、テレビ局などは競ってこうした機関を回って史料の発掘に努めていた。私たちはシベリアに抑留された関東軍将校や兵士に、どのような役割が与えられたのか、そのことを確認する意図があった。

このときある公文書館で、研究員から奇妙な質問を受けた。ある商社の名を挙げて、「この企業は新聞社か、テレビ局か」と言うのであった。よく史料を調べに来ているとつけ足す。瀬島が勤務している商社であった。私たちは「瀬島氏にはソ連側に気になる史料があり、それが公開されるのを恐れて調べさせているのだろう」と噂した。

三つのうちの第二の波紋になるのだが、シベリア抑留の収容者（第十三分所）たちからの書簡が何通も編集部に届いた。瀬島は民主化運動に熱心だったとの内容だが、将校の間では「赤いナポレオン」と噂されていたというのである。拙著『瀬島龍三　参謀の昭和史』には、「将校団の民主化の旗振り役を務めている。瀬島氏が『赤いナポレオン』と将校たちに噂されていたことは有名である」と書いたが、実際にそれを裏づけるだけのエピソードを紹介している書簡もまた多かった。その内容は具体的であった。

常に疑いの目で見られていた

第三には、『文藝春秋』の拙稿が英訳されて、アメリカの上下院議員の郵便ポストに一斉に配られたというのである。むろん私はこの内幕についてはいまだに充分に知らないのだが、外国のメディアから聞かされて驚いた。なぜだろうか。国際情勢の動きとからまっていることは想像できても、その内幕まではまったく判断できなかった。瀬島龍三という人物がどんな人物か、その動きには幾つかの疑念があると、アメリカの上下院議員に知らせたいとの意図がこの投函事件にはあったのだろう。

その構図がある程度わかったのは、佐々淳行の書『インテリジェンスのない国家は亡びる』を読んでだが、ここで佐々は「(瀬島が)携わったと考えられるいちばん大きな事件が、(保阪注・私が瀬島論を発表した)一九八七年に発覚した『東芝機械ココム違反事件』である」と書いている。この事件は、東芝機械が昭和五十七(一九八二)年から五十九年にかけてソ連へ工作機械やそれに伴うソフトウエアを輸出したのだが、これは共産圏に輸出してはならない製品であった。偽りの書類を作成して輸出したとされる。これらの工作機械が潜水艦のスクリューの製作に使われることになり、ソ連の海軍力が飛躍的に向上したというのである。

ココム（対共産圏輸出統制委員会）の規約に違反するこの事件は、アメリカ政府によって把握され、日本の司法当局もまた東芝機械の家宅捜索を行い、外為法違反などで同社幹部を逮捕するなどしている。

佐々の記述によると、この事件では瀬島がソ連への売り込みに伊藤忠商事の幹部として協力したことが判明したとして、瀬島の取り調べを当時の中曽根康弘内閣に進言したと明かしている。佐々は初代内閣安全保障室長でもあったのだから、かなり高度の政治レベルでの動きがあったことになる。この一件は、瀬島が中曽根内閣のブレーンであることもあり、不問に付されたというのである。

これは私の推測になるのだが、瀬島がどんな人物なのか、この東芝機械ココム違反事件でアメリカ側には関心があったのだろう。それで拙稿がすぐに翻訳されて上下院の議員のポストに投函されたのであろう。この投函事件はアメリカのどの勢力によって行われたのか、もとより私は知らない。私のもとに問い合わせがあったわけではない。

これらの三つの事象を通してわかったことは、瀬島を見つめる目は決して甘くはなく、常に疑いの目で見る者（あるいは勢力）があったということになるだろう。

私はたまたまそういう歴史のヒダを垣間見たにすぎなかったが、あえてひとつのエピソードを語っておきたい。

キャピトル東急ホテルの一室で瀬島は、八時間の取材を終えたあと、編集者やカメラマンを先に帰してから、私を部屋の隅に呼び、囁きかけるように話しかけてきた。「君はよく勉強しているね」と、私が提出した四十の質問項目（それは具体的で、細部にわたっていた）のようなインタビューを、受けたことはないと言った。そして次のようにつけ加えた。

「私は、君が興味を持っている昭和史については誰よりも詳しいと思う。それに今の私のもとにはどういう情報でも入ってくる。君には私の事務所にはフリーパスで入れるようにするから、いつでも自由に訪ねてきなさい。きっと君のためになると思う」

私はこのとき四十八歳であった。ノンフィクション作家としての仕事に強い使命感を持っていた。瀬島の言がどのようなことを意味するのかは充分にわかっていた。私はその誘いには返事をせずに、二日間の取材についての礼を述べて部屋を出た。このときの瀬島の言を、私は今も生々しく覚えている。

軍官僚というものの生態

瀬島龍三のスパイ説について、巷説、風説の類いが、瀬島がシベリア抑留から帰国した昭和三十一（一九五六）年以降、一貫して流されているのは、むろん東西冷戦下の情報合戦という側面があったのは事実である。その証拠にこの巷説は主に公安関係者が洩らす形で社会に広がっていった。事実か否か、判断の確たる史料や記録文書は明確になっていない。従って単なる噂という形で受け止めることも可能である。

私は瀬島に会って、大本営作戦参謀という立場がいかに軍内で力を持っていたかを知った。昭和陸軍にあって参謀本部作戦課に身を置く軍人は、一般兵士にとってはまさに雲上人であった。瀬島よりはるかに年長の軍人とて、大本営作戦参謀の瀬島を語るときは一目置いているかのような口ぶりになった。だから瀬島のスパイ説に真っ向から反論する者は、いくらソ連の収容所で政治教育を受けたとはいえスパイになるわけはない、と怒った。逆に、大本営の作戦参謀という肩書をソ連は利用しないわけはないから、あらゆる形で説得し、瀬島はそれに応じて情報提供者になったに違いないと、スパイ説を容認する者もあった。その場合は瀬島だけでなく、AもBも、そしてCもそうだという具合に次々と名前が挙がるのが常であった。

私は昭和という時代の終わりごろに、瀬島の実像を求めてさまざまな関係者から話を聞いた。いや、私だけでなく、文藝春秋社の取材記者数人も動員されて取材網は広がっていった。瀬島自身はそのような取材の広がりに驚いたのか、文藝春秋社の経営陣に、そのような企画は中止するよう圧力をかけたとの話も聞かされた。もとよりそんな圧力に出版社はひるむことなく、むしろ私は、取材を深めて、自在にその実像を確かめようではないかと励まされた。

アメリカのワシントンにある国立公文書館、そしてメリーランド州のナショナルレコードセンターに取材に赴いたのもその一環である。瀬島を含めて大本営参謀たちの生態を当時、アメリカ側はどう見ていたか、さらには日本敗戦後のアメリカ占領期にGHQ（連合国軍総司令部）はどのように彼らを利用したか、瀬島はいかなるタイプと見られていたのか、などの史料や記録文書にあたった。

むしろ瀬島の「記事にしないでほしい」は逆効果になったのだ。かえって墓穴を掘る形になるのに……と私と取材スタッフは話したりもした。

こうした体験を重ねながら、瀬島の身の処し方を確かめていくことになったが、それは図らずも軍官僚というものの生態を確認する旅だったともいっていい。瀬島の身の処し方、あるいは史実を隠す形は、単に瀬島一人の手法ではなく、昭和陸軍の軍官僚に通じていることがわかった。その手法は結果的にスパイ説を流されたときに、まったく防御できないという弱点を持っていることに、私は気づいたのである。その例をまずは挙げておきたい。

東京裁判を巡る虚偽の回想

瀬島がシベリア収容所から、ソ連の航空機で東京に連れてこられ、ソ連側の検事証人として、極東国際軍事裁判(東京裁判)の市ケ谷法廷に立ったのは、昭和二十一(一九四六)年十月十八日である。検事側から日本軍閥の侵略性を糾弾されているときであった。この日はソ連の検事団が、日本陸軍は一貫して対ソ侵略の意思を持っていたと告発し、その証拠として大本営作戦参謀の瀬島龍三の供述書を読み上げたのである。

その中には、「従来ノ作戦計画ノ如ク昭和十七年度ノ計画ハ攻撃計画テアリ作戦ハ急襲的ニ開始スル予定テアリマシタ」との一節もあった。こうした証言をひとつずつ検証していくと瀬島は確かに、日本陸軍は毎年対ソ戦の計画を具体的に語り、その計画は攻撃計画という側面もあった、と洩らしている。瀬島は特別に虚偽の言を成してはいない。しかしソ連の検事団は、この「攻撃計画」を侵略の意思であったと裏づけようとする。瀬島の官僚的な答弁が逆手にとられていることが容易にわかるのだ。瀬島もしだいにそのペースにはまっていく。

この東京裁判に出廷したときの心境については、瀬島は私たちの取材の折まで、まったくといっていいほど語っていなかった。わずかに『文藝春秋』（昭和五十年十二月号）の「大本営の二〇〇〇日」の中で次のようにふれていただけである。引用しておこう。

「（昭和二十一年の）九月、ぼくは東京へ一度帰ってくるんです。最初はなんで突然連れて来られたのか全然わからないんです。羽田に着いたら星条旗が上がってましてね。ああやっぱり占領されたんだなと思いました。羽田で身柄を進駐軍へ渡され、ジープにのせられて丸ノ内の三菱仲六号館に連れて行かれ、二、三日して初めて東京裁判の証人として連れて来られたことがわかりました」

昭和21（1946）年10月18日東京裁判でソ連側証人として法廷にたつ瀬島龍三元中佐（提供：共同信通社）

東京裁判の証人になった経緯は、まったく知らされておらず、ある日突然収容所から東京に連れてこられて初めて東京裁判と気づいたというのであった。そうだとすると瀬島は何の答弁の練習もせずに、いきなりソ連側の証人として出廷したことになる。しかしこうした言がまったくの虚偽だったのである。私はそれを図らずもアメリカの公文書館で見つけた文書によって知った。瀬島があえて東京裁判で証人席に座ったのはそれなりの理由があったのである。

ソ連側はシベリア収容所にいる日本陸軍の将兵の中から三人の軍人を選んで東京裁判用の証言の勉強会を行った。何度もである。そして、ソ連側にとって都合のよい証言とはどういうことかを教えられている。

三人のうちの一人、草場辰巳中将は証人の候補として東京に連れてこられたが、その後、密かに持っていた毒薬を飲んで自決した。草場はこの間の日記をつけていたのだが、草場の自殺を証明するためにソ連側はアメリカに草場の日記を提示したらしい。アメリカ側はその日記を英訳していた。私がアメリカの公文書館で発見したのはこの日記である。

「大本営発表」とまったく同じ

それによると三人の軍人のほか大津敏男樺太庁長官が証人として、他の将校とは別にハバロフスクの「夏の家」（ソ連の軍人たちの別荘のようだが）に集められたとある。七月

十日には、

「取り調べ将校のコトビコフ大佐、ラーゲリの副指揮官で通訳のトゥイロフ、大津、松村（保阪注・松村知勝少将）、瀬島、他の将校一名、夕食を共にする。国際軍事裁判に証人として出廷することについて、親しく話し合う」

とある。瀬島の戦後の証言は、まったくの嘘であった。何も知らずに東京に来たとは、ありえないことで、瀬島はこの点では意図的に虚偽の発言をしたことになる。

付け加えておけば、旧ソ連の対日関係の情報将校イワン・コワレンコは、ソ連の社会主義体制の崩壊後、日本のジャーナリストの何人かと会い、ソ連の日本に対する情報操作の実態を明かしている。日本では著書も刊行されているのだが、共同通信社社会部の記者たちによる瀬島の戦後の軌跡を追いかけた書（『沈黙のファイル』）では、記者たちとコワレンコとのやりとりがそのまま公開されている。ここでもコワレンコは、シベリア収容所内での瀬島の動向を細かに説明している。それほど瀬島の動きは把握されていた。

このコワレンコはシベリア収容所の政治将校で、日本語に堪能だったので、収容所内の日本人捕虜の訊問から政治的プロパガンダの役まで担っていたというのである。瀬島らを選んだ理由も語られている。コワレンコ証言に触れても、瀬島は東京裁判の証人になることとは充分に知っていたことが裏づけられる。それどころか共同通信記者の質問に答えて、コワレンコは、もし彼らを他の捕虜より早く日本に帰したら「彼らは日本を裏切った」とわかってしまい、日本人の手で殺されたかもしれない、とソ連側は恐れていたと明かしている。

瀬島の証言には、こうした虚偽、嘘が実は幾つもある。ソ連側はそういう嘘を見抜いていた節もある。たとえば瀬島は、「作戦課から情報部に回されて外交官の資格でクーリエとなった」とコワレンコは言い、「瀬島はモスクワでドイツの情報担当者と接触した。彼の目的はスパイ活動で、それにふさわしい人物だった」とも補足している。この場合の「ドイツの情報担当者」とはソ連内部にいるドイツのスパイということだろう。

こうした史実を次々と積み重ねていくと、瀬島は言うまでもなく大本営作戦参謀のほかにも幾つかの顔があったことがわかる。あえて断言するのだが、瀬島のソ連スパイ説は昭和陸軍の軍官僚の持っている体質が、そうした噂と結びつきやすかったのだともいえる。これはなにも瀬島だけにいえることではなく、省部の幕僚たちにも通じているのだが、「都合の悪いことは決して口にしない」「自らの意見は常に他人の意見をかたり、本音は言わない」「ある事実を語ることで『全体的』と理解させる」「相手の知識量、情報量に合わせて自説を語る」といった特徴を持っている。太平洋戦争下の「大本営発表」には虚偽、事実のすり替えなどの特徴があったのだが、このことはそれとまったく同じなのである。

瀬島はこの軍官僚の体質を戦後社会でも顕わにしていた。それがソ連のスパイ説と容易に結びつけられることになったのだろう。

スパイ説が消えない理由

私の取材の折にも瀬島は、幾つかの錯覚を与える言い方をした。自らが東京裁判に出廷したのは九月十八日と言った。実際は十月十八日である。また、東京裁判は何も知らされずに東京に来たと言うが、実は瀬島と共に連れてこられた松村少将は家族には密かに会っていたとの肉親の証言があった。しかし瀬島は自らの家族とは会っていないと言い続けている。

こうした言のひとつひとつを重ね合わせていくと、瀬島は、ある小説のモデルだと言われていることを利用していることに気づく。山崎豊子作の『不毛地帯』(昭和四十八年から五十三年までの五年間、『サンデー毎日』に連載された。昭和五十三年に単行本として刊行されるやベストセラーになった)の主人公、壹岐正に自分を重ね合わせていることに改めて気づかされるのだ。大本営参謀の壹岐がシベリア収容所で生死の境をさまよい、そして東京裁判の証人にもなり、日本に戻ってからは大手商社にあって戦後日本の経済を支える。この壹岐の、歴史に振り回されながらも、現実社会で活躍を続けるその意欲的な姿は、まさに日本人の範のひとつたり得ている。

この壹岐には、瀬島と似たような状況が設定されているので、瀬島がモデルだと言われ続けた。奇妙な表現になるが、瀬島は逆に、壹岐に自らの言を合わせた節がある（『不毛地帯』では壹岐の法廷への出廷は九月十八日になっている）。いわゆる「なりすまし」ということだろうか。

私が瀬島龍三の四つの時代とその人生を整理し、単行本として刊行するときに、山崎に会って話を聞いている。山崎は、「壹岐は瀬島さんその人がモデルではありませんよ。五、六人の日本の軍人の人たちに話を聞いて、私がつくりあげた人物です」と言い、それなのに瀬島さんだと言われて迷惑しているともつけ加えた。壹岐の人格と瀬島とはまったく別ということをノンフィクションで裏づけてほしい、とも言われた。瀬島モデル説が独り歩きしていることに困惑しているかのようであった。

〈瀬島＝ソ連のスパイ説〉は、ある意味で無責任なニュアンスがある。しかしそのように言われるには、軍官僚としての体質や世論におもねろうとする計算などの瀬島の処し方も関係があるだろう。

なんとか記事を止めようとしたその体質は、やはり軍官僚そのものだったと改めて思い出されるが、しかしそういうタイプは日本社会では有力者になりうる条件なのかもしれないとの感もしてくる。

後藤田正晴が傍聴した東京裁判

瀬島龍三が、東京裁判にソ連側の証人として出廷したことは、陸海軍の軍人だけでなく、内務省、大蔵省などの文官たちにも衝撃を与えることになった。私がこのことに気づいたのは、かつての内務省の官僚だった後藤田正晴をはじめ、多くの内務官僚に話を聞いているときだった。

たとえば後藤田に、「あなたは戦争から戻って再び内務省に身を置いたときに、そのころ始まっていた東京裁判を傍聴したことはありますか」と尋ねたことがある。後藤田は上司から「一度、東京裁判を傍聴しておくといい」と言われ、たまたま傍聴に赴いた日が、瀬島が証人として出廷する日だったと話していた。後藤田の同期の官僚たちを取材していると きに、いや、その後に戦時財政について大蔵省の官僚だった人物に話を聞いても後藤田と同様の話をしていた。

この事実は何を物語るのか。近代日本の仮想敵国・ソ連の要請に応じて、陸軍の優秀な参謀が証言台に立つという事実は、共産主義へ転向したのかとの関心を呼んだのであろう。加えて昭和二十一年は、日本国内に共産党主導による組合運動、そして革命前夜を思わせる大衆運動の広がりがあった。

そういう雰囲気の中で、瀬島の証言は注目されたのであろう。もし共産主義という社会空間ができあがったならば、文官たちにも新たな身の処し方が必要とされる。そんな危機感があって、「とにかく瀬島の証言を確かめておこう」という雰囲気が若手官僚の中に広がっていたといっていいのではないか、と私には思える。あるいは各省庁の幹部は、瀬島の証言をよく聞くように指示をだしていたのではないかとも想像される。東京裁判そのものよりかつての帝国軍人がどのような論理を用いて共産主義に同調するのか、それを確かめろということでもある。このころの日本は共産勢力も強く、官僚たちの中にも赤化する者がいた。それに各省庁はいずれ始まるレッドパージの対象者のタイプを学ぶために、瀬島がどのような論理を用いるかを内々に学ぶ機会にしていたのかもしれない。

法廷にあっては清瀬一郎弁護団副団長の思惑とは別に、瀬島は、自らの仕事分野だけを正直に証言した形で終わった。

話は変わるが、昭和五十七（一九八二）年に中曽根康弘内閣が誕生した折に、中曽根首相は財界人の一人として、あるいはかつての大本営参謀の一人として、瀬島を巧みに使い、臨時行政調査会（臨調）を実質的に動かす人物に組みこんでいた。その内閣では番頭役の官房長官に、後藤田を据えたわけだが、後藤田や警察当局の間では、なぜ中曽根が瀬島を重宝するのかわからないとの声もあったという。この辺りは佐々淳行から直接に聞いたのだが、つまり昭和五十年代には、かつての戦争体験世代のうち、二十代から三十代にかけてあの戦争と向きあった世代の中に複雑な思いが交錯していたのである。

私はこれらの世代から、二十歳から三十歳ほどの開きがあり、たまたま昭和史に関心を持ち、その細部に分け入ったのだが、そこには戦後の世代から見れば不透明な空間があるということに気づいた。

第一次史料をも改竄

軍官僚の回顧談、回想記の中には、幾つもの歪曲された事実が語られている。ある将官は、「これは君も決して書いてはいけない」と言って、日中戦争、太平洋戦争下のある残虐行為に自らが具体的にどのように関わったかを証言している。

ある事件の命令者は誰某であり、それはこういう内容だったと言い、その結果、こうした史実が現実に起こったと説明した。驚くべき史実だが、しかし、こうしたことは表沙汰にされずに、なかったことにされている。そのようなケースも含めて、史実はいかに歪曲されていったか、とくに軍官僚たちが史実をどう改竄（かいざん）したかが浮かびあがってくる。

このような検証において、もっともターゲットになりやすいのが、実は瀬島だったのである。
瀬島の語る史実は、事情を知らない者が読んだり聞いたりすると、なるほどとうなずかされるものだ。この参謀は三十代で昭和陸軍の要の部分にいて国策を動かしていたのだと錯覚したりする。実際に瀬島はそのような錯覚を巧みに用いている。あえて言えば軍官僚のこの性格は、日本の官僚の「悪しき伝統」ではないかと思う。この「悪しき伝統」に染まっている官僚と、そうでない官僚との区分はなかなか難しい。あえて自負になるのだが、こと陸軍の軍人に関してはこの区分は容易にできる、と語っておきたい。

瀬島に代表される軍官僚の言動は、「都合の悪いことは決して口にしない」「自らの意見は常に他人の意見をかたり、本音は言わない」「ある事実を語ることで『全体的』と理解させる」「相手の知識量、情報量に合わせて自説を語る」といった点にあると前述したが、しかしもっとも宿痾ともいうべき重大な欠陥は、「第一次史料にも手を入れて改竄する」といった点である。昨今の国会審議でもこれに類する官僚の無責任さ（記録を焼却しているとの虚言とも思える言辞など）は、容易に指摘できる。森友、加計問題での財務省の局長や官邸秘書官など、いわゆるエリート官僚は、二つのごまかしを行っている。「史料がない」、あるいは「記憶がない」、そして現実に史料が存在したり、改竄（これは部下に答弁の整合性を保つために命じる）が明らかになったら、「史料の存在を知らなかった」「私の記憶と異なる」と平然と嘘をつく。

二つのごまかしのうちのもうひとつは、社会の常識を権力でくつがえそうとすることである。この二つを、私は瀬島を通じて確認することになった。あえてその例があるので語っておきたい。くり返すことになるが、これは瀬島のケースだけではないと知っておくべきだが。

平成四（一九九二）年九月に全国抑留者補償協議会（会長・斎藤六郎）から、『シベリア抑留秘史』という書が刊行された。斎藤は長年、ソ連・ロシアと交渉し、シベリア抑留の記録文書を提供してほしいと要請し続け、九二年から九三年にかけてロシア最高軍事検察庁などの協力で、ロシア側の記録文書を入手した。その過程でボブレニョフ・ウラジーミル・アレクサンドロビチ法務大佐の名で刊行されたこの書を知り、邦訳して出版した。

私と、『月刊Ａｓａｈｉ』編集部のNは、このころにロシア側の各種史料を入手すべくしばしばモスクワに赴いた。その折、斎藤と知り合ったわけだが、自身一兵士としてシベリアに抑留された体験があり、彼はその歴史的経緯をロシア側の史料で裏づけようと動いていた。私たちは斎藤のその努力に敬意を表して、幾つかの面で協力を続けた。

「日本の軍官僚はこんなことを……」

『シベリア抑留秘史』編集のプロセスでも、私は協力した。その折に斎藤から、この書の編集の内幕を聞かされた。瀬島から、「事前に原稿を読みたい」と申し出を受けたのだ（この点は瀬島は否定）。つまるところ訳文は、斎藤のもとから瀬島のところに届けられた。それから一ヵ月ほどして、瀬島が恣意的に手を入れた箇所が送られてきた。

この手を入れた部分のゲラをのちに、私とNは見せられた。私たちは愕然とした。正直にいえば、「日本の軍官僚はこんなことをするのか」という素朴な感想だった。

一九四五年八月十九日にソ連領ジャリコーワに呼びだされた秦彦三郎総参謀長と瀬島、それに通訳の宮川船夫（ハルビン総領事）に対して、ソ連の極東軍司令官のワシレフスキー元帥から命令が示達される。その文書がソ連側に存在するわけだが、その訳文を瀬島は一方的に削ったり、加筆したりしているのである。

たとえば加筆している例として、日本側は「日ソ両軍は速やかに停戦した上」とか「更に軍将兵、一般日本人の本国送還」を要求したといった語を加えている。ところがこの二点はソ連側の史料にはない。いや瀬島はそのためにこれは「停戦会談」だったと強調するのだが、ソ連側は一方的に示達しているというのが真相であり、停戦会談などとはとうてい言えないし、ポツダム宣言受諾を発表した以上、日本は「停戦会談」どころか、一方的にソ連側に呼びだされて命令を伝えられたのである。

瀬島はそれを「停戦会談」と称して、自分たちも早く将兵を日本に戻したいと言ったと譲らない。くり返すがソ連側の史料にはそういう記述はまったくなかった。

さらに瀬島は、次のように一文を書の中に加筆していた。

訳文は「関東軍の一参謀にすぎなかった瀬島龍三に、この世界史的ドラマの主役を押し付けることは、不当なことである」とあり、シベリア抑留と北海道占領とはソ連とアメリカのドラマであり、瀬島がいかにも自分がシベリア抑留を阻止しようとしたという如きはとうてい無理との指摘である。

この部分に、瀬島は「如何に有能とは言え関東軍の一参謀にすぎなかった……」との形容句をつけ加えている。さらに瀬島が、シベリア収容所でソ連側に提出した手記もそのまま紹介されているが、そこでは一九三〇年代にソ連との戦いに備えての起草文書を幾つも作成した、その内容が語られている。たとえばウラジオストク作戦計画（「軍事行動開始後すぐ、朝鮮半島、日本海および北サハリンにいる船団を動員する。そのほかウラジオ艦隊を潜水艦を用いて壊滅させ、上陸攻撃を行うため（略）航空機を動員する」など）のような作戦計画が詳細に紹介されているにもかかわらず、すべて削除するよう求めている。シベリア収容所での手記では、このような詳細な計画は語っていないとしておこうとの考えを持っていたのである。

そして次のような一節を加えている。

「又、瀬島が関係した『作戦計画』はすべて有事の場合に備える作戦実施の『計画』であり、『開戦計画』『戦争実行計画』ではない。如何なる国の参謀本部に於いても当然の職責として行っていることである。瀬島は尋問官に対し、度々これを述べている」

瀬島はその目に脅えていた

このような手直しを調べていくと、ロシアの有力者の書いた書を一方的に書き直していることがわかる。著作権などについての理解もまったくない。私もNもさすがに驚いた。斎藤も困惑していた。これでは国際問題になるのではないかというのであった。

Nはこの点について編集部と私の名で瀬島に取材申し込みを行った。瀬島は、保阪の質問は受けたくないというので、Nが取材に赴いた。Nから質問項目を作ってほしいと言われ、私も幾つかの項目を作成した。このときのNと瀬島とのインタビュー記事は、『月刊Asahi』(一九九四年一月号)に掲載されている。タイトルは「歴史の根底を知れば加筆は当然だ」というもので、むしろ瀬島はこの加筆事件を報じるメディアこそ問題だとの認識であった。

瀬島は、日本側は二つのことをソ連に要求したというが、「ワシレフスキーの公電のコピーにはないが」との質問には、通訳が下手だったという言い方をくり返す。当の瀬島が、札幌の第五方面軍を通じて大本営に打った電報にも、「即時停戦と関東軍将兵の本国送還」は触れていない。それはなぜかとの問いに、「僕らは冬前に帰還するのは当然だと思っておった。そうしたことはあえて報告することかな」と話している。これは重大な事実だと言いながら、ときにはこんなふうに逃げたりもする。

「ソ連側の書にはないのに、勝手につけ加えるのはおかしいのではないか」との問いには、自分が言ったことはそのまま書いておいてなにが悪いかといった言い方もする。「訳書には『関東軍の一参謀』の前に『如何に有能とは言え』の一句が加わっているが」との問いには、「それは形容詞だよ」と言う。

私はインタビューの記録を読みながら、私たちの世代が戦時指導者の証言をどのように聞くか、そこにどういう疑問を持つべきなのか、証言に耳を傾ける折の姿勢の重要さについて考えこまざるを得なかった。

つけ加えておくが、瀬島は大本営に打った報告の公電には前述のように「即時停戦」や「関東軍将兵の本国送還」を要求したという事実は書いていない。本人の言う通り、「当たり前だから」というわけだが、しかしこの公電には、軍人の階級章と帯刀の許可、将官には副官が付き、将校にも当番兵の使用が認められたとの報告は書いている。こうした事実は何を物語るのか。軍官僚にとって大切なのは早期の「本国送還」ではなく、まさに自らのプライドを守ることだということにもなる。土壇場にあって、軍官僚は自己保身ばかりを考えていた。それを瀬島の証言は物語っている。

さきに東京裁判で、瀬島が証言した日に文官たちも二階の傍聴席から見守っていたと紹介した。彼らは何を考えたのか。私は文官たちに質したことがあるのだが、その答えを誰も口にしなかった。証言席の瀬島の姿の中に、官僚としての身の処し方があるにせよ恥ずかしい、と受け止めたのではなかったか。瀬島と同世代の官僚たちの目は意外なほど冷たく突き放していたように思う。戦後社会で瀬島はその目に脅えていたのではないか。

つけ加えれば、二〇一七年から二〇一八年にかけて虚言を弄した財務省の官僚を始め幾人かは、いずれ歴史を記述する書の中で将来にわたってその汚名が記録されるのではないかと思う。

第七章

吉田茂はなぜ護憲にこだわったのか

娘・麻生和子が見た吉田茂

敗戦後の占領期に、吉田茂が首相であったことは歴史的には僥倖（ぎょうこう）というべきだったのではないか。吉田は、昭和十年代の軍事主導体制に徹底して反対していたために、戦後の日本社会から旧陸海軍の肌合いを消すための強い意欲を持っていた。

その点について、吉田茂の三女である麻生和子は私のインタビューに対して幾つかの例を引きながら、具体的に説明してくれた。

麻生は九州の炭鉱財閥の麻生太賀吉（たかきち）と結婚し、吉田がもっとも頼りにした女性であった。吉田の評伝を書きたいと思い、私が麻生に手紙を送り取材を申し込んだのは平成二（一九九〇）年の初めだった。諒解が得られて計二回、取材の時間を割いてもらった。いずれもこの年の六月、そして十月であった。麻生はそのころ七十五歳に達していて、東京・渋谷にある洋風の建物に使用人とともに住んでいたような記憶がある。玄関脇にある応接室で、つごう五時間ほどのインタビューに応じてもらった。

語尾を断定的に語り、その話し方や事態を説明する口ぶりは、「個」を大切にするきわめてメリハリの利いたものだった。昭和二十年代には六人の子供を育て、この家にいながら吉田の秘書のような役割も果たした。吉田自身、昭和二十六（一九五一）年九月のサンフランシスコでの講和会議に全権代表として出席した折には麻生を同行させ、その語学力や人をそらさない話しぶりを頼りにしていた。新聞記者に問われて、「(麻生は)娘というより、私のもっとも有能で大切な秘書である」と答えたこともあった。

そのような麻生との会話を以下に紹介しておかなければならない。

「彼(吉田)は昭和十四(一九三九)年ごろまでは駐英大使をしていましたね。もうこのころは軍人が前面に出ている時代でしたから、ずいぶん苦労しています。たとえば本省からは陸軍の圧力もあって、彼のもとには充分な交際費や機密費も送ってこなかったのです。そのために大使としてのパーティーは私費を使って開いていたほどです」

「とくに三国同盟には反対でした。それで陸軍からは目の仇にされていました。ただ駐在武官の軍人の方(保阪注・辰巳栄一)は、彼のそのような気持ちを理解したと聞いていますよ」

「占領期にマッカーサーという軍人と彼とが気が合ったことは、日本にとって非常によかったと思います。それが占領政策を円滑に進める因になったと私は考えています」

東京・渋谷の私邸で、当時七十五歳だった麻生は、往時を偲んだ。つまるところ吉田の反軍部の姿勢が明確なのは、昭和十六年十二月からの太平洋戦争をふり返っても、すぐに幾つかの動きを指摘できる。そのような事実を指摘するとき、麻生は大筋で認めてくれた。戦時下では、麻生は実業家夫人として子供の養育にあたっていたため政治の動きには間接的にしか関わっていないようであった。

「吉田反戦グループ」

吉田は戦時下では、外務省の長老の立場にいたのであったが、公職にはつかず、大磯と東京・永田町にある私邸を行ったり来たりしながら過ごしていた。大磯には元老西園寺公望の秘書だった原田熊雄や華族の樺山(かばやま)愛輔、三井の池田成彬(しげあき)、さらには久原房之助などの有力者が住んでいて、吉田はしばしばそのような人たちと戦争終結をどのように進めていくかを密かに語り合っている。さらに永田町の自宅には近衛文麿をはじめとして、軍事体制に不信を持つ要人が訪れて情報交換を続けていた。

陸軍の憲兵隊の隊員と謀略部門を担当する陸軍省兵務局の情報工作員が、身分を偽って吉田のもとに接近し、大磯の私邸には女中と書生という立場で入りこみ、それぞれ互いの存在を知らずに吉田の監視を続けていたのである。こうした陸軍の監視機構の秘密文書では、吉田は「吉田反戦グループ」の中心人物と見られ、「ヨハンセン」という符丁で呼ばれていた。つけ加えておけば、吉田と日常的に接していた近衛は、これらの機構では「コーゲン」とされていた。とくに陸軍側はヨハンセンとコーゲンは、「二大反戦分子」として目の仇にしていたのである。

たまたま私は、吉田の家に入りこんでいた書生（東輝次と名のる陸軍中野学校出身の情報工作員）の遺族から、このときの手記を入手していたので、吉田がどのように監視されていたかを知っていた。麻生はそうした内幕話に思いあたることがあるとも語っていたのが、私には印象的であった。こうした史料を改めて整理し、そして関連の記録文書を読んで理解できることは、太平洋戦争の戦時下に吉田は、歴史に残る講和工作を行っているとの事実であった。つまり吉田は、戦後政治の立脚点になる思想や哲学をすでに戦時下で歴史の年譜に刻んでいるといえたのだ。

吉田の思想を歴史上に位置づける上で、この立脚点を確認しておくことがもっとも重要だったのである。

あえてその二つの例を語っておくことにしたい。

そのひとつは、昭和十七（一九四二）年三月のころなのだが、日本中がシンガポール陥落で沸きたっているときに、吉田は近衛や池田、宇垣一成らと大胆に和平交渉を話し合っている。そして吉田は近衛に外交官出身らしい提案を行っている。

「皇室に最も近い公（保阪注・近衛のこと）がスイスに出かけ、漫然と滞在しているだけでも、欧州各国の注意を引くべく、英国の戦況利あらざれば、公に働きかけるものあるべく、ドイツの苦戦となれば、また公に接近を試みるものがあるであろう」
吉田は近衛に、「ジュネーブに行って静養していろ、そうするとさまざまな国、関係機関があなたに近づいてくるだろうから、それを和平のきっかけにしたらどうか」と言うのであった。近衛も乗り気になった。そこで内大臣の木戸幸一を通じて天皇に伝えようとなった。しかしこれは、結局沙汰やみになる。真相は明確ではないが、木戸が天皇に伝えなかったというのがその理由らしい。しかしともかく吉田の意思は、明確に歴史に刻まれた。

陸軍側がこうした動きを察知し、改めてヨハンセンに注目し、その和平行動に目を光らせることになったのである。

「軍内は共産主義者の温床」

もう一例は、昭和二十年二月に、天皇が個別に重臣たちに会い、和平の方向を模索しようと考えたときである。七日の平沼騏一郎を最初に若槻礼次郎、岡田啓介らと会っていき、二十六日に東條英機に会うまでにつごう七人の重臣が天皇と会見し、自説を述べた。天皇は軍事的敗北を一定の範囲でとどめるために、重臣から和平への道筋を聞こうとしたのである。七人の重臣のひとりとして、近衛が天皇と会見したのは十四日であった。ここで近衛は、一刻も早く終戦工作を行うべきであるとの持論を述べたあとに、他の誰もが行わなかった上奏文を天皇に手渡したのである。まったく稀有のことだった。

この近衛上奏文は、太平洋戦争を語るときの重臣の意思のひとつとして、その後も歴史の中で語られることになる。それほど意味するところは大きかった。上奏文は全文約三千字から成り、「敗戦は遺憾ながら最早必至なりと存候」で始まり、前半部は世界情勢を分析したうえで、「つらつら思うにわが国内外の情勢は、今や共産革命に向って急速に進行しつつあり」と書いている。敗戦イコール共産革命の危機がヨーロッパにはみられるとあった。近衛の国際情勢認識だけではとうてい書けない史実が並んでいた。

次いで後半部に移り、そこには衝撃的な内容があった。日本国内には共産主義勢力がいかにはびこっているか、それを具体的に記述しているのである。軍内は共産主義者の温床になっていると指摘し、次のように書かれていた。

「職業軍人の大部分は、中以下の家庭出身者にして、其の多くは共産的主張を受け入れ易き境遇にあり。只彼等は軍隊教育に於て、国体観念だけは徹底的に叩き込まれ居るを以て、共産分子は国体と共産主義の両立論を以て、彼等を引きずらんとしつつあるものに御座候」

一億玉砕を叫ぶ者は、国内を混乱に陥れて、革命を起こそうとしているとまで断定している。確かにすべての動きを共産主義と結びつけている点は、「まことにグロテスクな文書」と猪木正道は喝破しているのだが、それはあたっているといえるだろう。しかし、近衛上奏文は、このまま敗戦に至ると共産革命が起こりますよ、皇室の安泰はどうなりましょうか、それでもいいのですかと強く問うていることがわかってくる。もっと皮肉な言い方をすれば、共産革命が起こらないうちに、一刻も早く終戦を迎えたほうがいい、と説いているのだ。

近衛上奏文は吉田が書いた

さてここで昭和史は貴重な問いを今に発している。本当にこれは近衛が書いたのか。近衛はここまでの状況認識を持っていたのか。いずれも疑問なのである。これは私の知る限り、昭和史を検証している者の間では、「吉田が書いた」とみるほうが妥当性があるとして一致している。事実の経過を追うと、それがわかってくる。

二月十三日の夜遅く、東京・永田町の吉田の私邸にこっそりと近衛が訪ねてくる。翌日に近衛は天皇に会うことになっている。吉田に上奏文の内容について相談しているのである。吉田は戦後になって自らの回想記(『回想十年』)に次のように書く。近衛が敗戦イコール共産革命といった認識を持っていることに全面的に共感したというのである。

「私は公のこれら意見には全く賛成であったので、二人して内奏文の補校に努めるとともに、私はその写しをとり、夜の更けるまで語り合った。私が写しをとったのは、これを牧野（伸顕）伯に見せて欲しいという公の希望に従ったものであるが、これが憲兵隊に捕われる証拠品の一つになろうとは、夢にも考えなかった」

吉田は遠慮深げに書いているが、実際には上奏文は吉田が書き、近衛は翌朝に目が覚めてこの内容に納得したというのが真実の姿だった（近衛が周辺の者に語っていたという）。つまり吉田は、近衛上奏文を通じて天皇に対して「敗戦を受け入れてほしい」と詰めよったといってよかった。私の率直な感想をいえば、共産主義の脅威を通じての、直截な回答を天皇に求めたともいえるように思えるのであった。

この上奏文は、吉田のもとに入りこんでいる工作員によって全文が写しとられ、陸軍の首脳部が目を通した節があった。参謀総長の梅津美治郎は、天皇から「陸軍部内に共産主義者が多いのか」と問われ困惑している。その分だけ陸軍首脳部は、近衛は天皇に何を伝えたのか、その背後にいる吉田茂はどんな戦略を練っているのか、疑心暗鬼だったのだろう。憲兵隊が、流言蜚語を撒いているとの名目で吉田を逮捕したのは、この年の四月十五日であった。

実際は和平工作グループともいうべき、ヨハンセングループを一気に追いつめようと計画したのである。

吉田の投獄体験

吉田が大磯で逮捕された日の描写は、前述の中野学校出身で吉田家に書生として入りこんだ工作員による手記に詳しい。工作員はこの逮捕を知らなかった。憲兵隊筋からの逮捕だったからである。吉田はこの日から、五月二日までは憲兵隊で取り調べを受けている。おまえはアメリカと和平工作を考えているだろう、駐日大使だったグルーとは太平洋戦争開戦後にもかかわらず連絡をとっているではないか、という難癖であった。吉田はそうした取り調べを一切否定している。あなたたちはあまりにも牽強付会だとはねつけている。その間に、吉田を逮捕するとは何ごとか、と外務大臣の東郷茂徳や宮内省の側から激しく突きあげがあり、陸軍大臣の阿南惟幾(これちか)は閣議でも抗議を受けて孤立している。結局、吉田は五月二十五日まで監房に閉じこめられていたが、該当する罪名はないとして釈放になっている。

大磯の吉田邸の書生になっていた工作員は、ヨハンセンがいきなり帰ってきたので驚いたと書き残す。そして「(ヨハンセンを見て)余は内心吃驚(びっくり)りした。何の連絡もないのである。(略)何故釈放したんだ。こんなに早く釈放するくらいなれば、俺がこんな生活をする必要がなかったではないか。余は口惜しかった」とある。それでも「御感想はいかがですか」と吉田に尋ねると、「いや、人間一生に一度は入って見てみるのもよい処だよ」と笑ったと書いている。

吉田のこの投獄体験は、ＧＨＱの占領政策のもとでは勲章でもあった。これほど軍に抵抗したのだから、この男はわれわれの味方になりうると、ＧＨＱのＧ２（参謀第二部）のウィロビーなどには信頼されたのである。むろん近代日本の歴史上にあっても、吉田はこれを勲章として利用している。吉田の周辺の人びとは、こういうときの吉田の肚の据わった態度には尊敬の念を抱いている。

なにより麻生和子も、「戦時下の彼は、微動だにしませんでした。自らの信念を崩し

吉田は娘の和子をなにより信用した（提供：共同通信社）

ませんでした」と賛えている。工作員の東輝次の手記には、戦後に自らがスパイだったと告げると吉田は、「お互い、お国のためと思ってやったんだからいいよ。当時は君が勝ったけれど、今はわたしが勝ったね」と笑ったという。そして自衛隊入隊の保証人になったというのである。

軍閥への憎悪

昭和二十年八月十五日の玉音放送によって、大日本帝国は「大東亜戦争」と名づけた戦争が敗戦で終わったことを認めた。吉田茂はこの日をどのような感情で迎えたかは、表向き明らかにしていない。しかし、その十二日後の八月二十七日に外務省の四年後輩にあたる来栖三郎に宛てた書簡の中で、その思いのたけを詳細に綴っている。「遂に来るものか来候」と冒頭で書き、そして続けている。

「此敗戦必らすしも悪からす。(略)因果はめぐる何とか、嘗て小生共を苦しめたるケンペイ君、ポツダム宣言に所謂戦争責任の糾弾に恐れを為し、米俘虐待の脛疵連、昨今脱営逃避の陋態、其頭目東條は青梅の古寺に潜伏中のよし。(保阪注・自分が逮捕され、そして)釈放せられし当時、実は今に見ろと小生も内々含むところなきに非りしも、今はザマを見ろと些か溜飲を下け居候」

来栖は気を許す友人のひとりだったのだろうが、東條英機をはじめとする軍閥への吉田の憎悪ははなはだしいものがある。といっても吉田はそのことを高言したり、感情を顕わにすることはなかった。来栖の書簡の中でもこっそりと明かしているのだが、いずれにしてもわれわれの出番は増えるだろうから、その心構えを持って待つことにしようとも書いているのである。

吉田は来栖へのこの手紙の写しをつくり、こっそりと原田熊雄に送っている。暗に近衛文麿など西園寺公望系の人脈に配布するよう伝えたとも考えられる。それはとりもなおさず、戦後すぐに誕生した東久邇内閣の閣僚の幾人かには回覧された節もあった。東久邇内閣には、司法相の岩田宙造、蔵相の津島寿一、外相の重光葵、それに無任所ではあるが国務相として入閣しているその近衛など軍部が羽振りをきかした時代に強い憤りを持っていた文官たちが多かった。

この東久邇内閣の時代から幣原喜重郎首相が誕生しての昭和二十年九月から十月、そして十一月までの三ヵ月間、これまでの軍部の横暴に怒りを持つ文官たちは、ある動きを示した。そしてこの動きの中に、吉田の影が直接、間接に色濃く浮かんでくるのである。まさに「今はザマを見ろと些か溜飲を下け居候」を実践する形になるのであった。私が麻生和子に話を聞いたときも、「戦後は彼とその同志の時代になるとの考えはあったと思いますよ」と明かしていたが、まさにそれは現実となったのである。

自主戦犯裁判構想

戦争が終わって、一ヵ月ほどあとからの三ヵ月間、その間に起こった重要な史実がある。ポツダム宣言の第十項に戦争責任者を裁くという一項があるが、この戦争責任者裁判を日本側で独自に行おうという案が検討されていたことである。東久邇内閣が内密裏にこの案を検討したのは九月十二日の閣議でのことだ。前日の十一日に、GHQの憲兵が、東京・用賀の東條英機の私邸に赴き、東條を戦争犯罪者として逮捕しようとしている。東條はピストルで自決を図った(未遂)。

東久邇内閣は、戦犯容疑者の逮捕は日本側で行いたいからGHQは表に出ないでほしい、と要望を出すことになった。その閣議でのことなのだが、「戦争責任者は日本側で独自に被告を選び裁いてしまおう」「GHQに裁かれる前にこちらで裁いてしまえば、一事不再理の原則でアメリカ側は裁けない」との諒解のもとで話し合われたのである。

この内容とこの日の動きは、重光葵の日記や内大臣の木戸幸一の日記などに概括的なことが書かれている。あえて『木戸幸一日記(下)』の九月十二日の記述の一部を以下に引用する。

「首相宮御参内、戦争犯罪人の処罰を我国に於て実行することを聯合国に申入るゝことに閣議に於て決定したる由にて、其旨奏上せられたるに、御上は敵側の所謂戦争犯罪人、殊に所謂責任者は何れも嘗ては只管忠誠を尽したる人々なるに、之を天皇の名に於て所断するは不忍ところなる故、再考の余地はなきやとの御尋ねあり」

東久邇はもう一度臣下の者と相談するとして、首相、外相、陸相、海相、司法相、それに近衛を呼び協議し、外相、司法相らの「日本側で裁判を」という積極的意見が通り、天皇に上奏し直している。天皇はそういう話があることを諒解し、一定の範囲で認めるとの意思を示した。このあたり各人の筆でニュアンスは少しずつ異なっていることは付記しておこう。

私は、司法相の岩田の残した手記を遺族から入手していたのだが、それを読むと、岩田の側に立てば、戦時中に軍部に弾圧されつづけたこの弁護士も心中は吉田茂と全く同じである。岩田は天皇に、「日本古来の風習としても、占領国が戦犯としての身柄拘束を要求してくるのであれば、君主は臣下の者に因果を含め、その者の首を敵方に届けるというのが真の武士道であり、それこそが臣下をいたわる最善の方法である」と説いたともいう(岩田周辺の人びとの証言)。

自主戦犯裁判構想は、重光や岩田の説得に天皇が応じたというのが真相でもあった。

この五日後、重光は「アメリカが自分を戦犯容疑者と想定している節がある」として、辞表を提出している。後任に吉田が就任した。東久邇や近衛の推挙によるものであった。しかしこの点はまだ曖昧なのだが、自主戦犯裁判を行うには、重光は戦時下で外相を務めたこともあり、内閣に名を連ねておくわけにはいかない、それで吉田を表舞台に引き出すための辞表提出だったと、私には思えるのである。

消えた「戦争責任者裁判法」

一方でGHQの最高司令官であるマッカーサーの名によって次々と出される民主化指令は、東久邇自身の考えと一体ではなく、自分の内閣では実施は無理、と十月五日に総辞職。代わって幣原喜重郎内閣が誕生した。外相は吉田、司法相は岩田がそれぞれ留任し、文部相に前田多門、厚生相は芦田均、内閣書記官長に次田大三郎などが就き、軍部批判の布陣はより固まった。

日本側の自主戦犯裁判構想は、GHQにも伝えられたが、GHQからは「われわれの考えている戦犯を日本側に引き渡すことはできない」と答えている。この形が明確になっていくのは、吉田が外相に就任したころである。つまり第一幕は失敗した形になっている。ところが実はこの自主戦犯裁判構想には、第二幕があった。それが吉田や書記官長の次田、そして一貫してこの裁判を主張していた岩田らの動きに表れていく。

とくに次田は、この構想が第一幕で凍結状態になっているのを知り、アメリカ側の裁判構想も進んでいないと判断し、もう一度試みる。実は十一月五日以後に始まる第二幕では具体的な法案づくりも行われている。「民心ヲ安定シ国家秩序維持ニ必要ナル国民道義ヲ自主的ニ確立スルコトヲ目的トスル緊急勅令（案）」と名づけられたこの法案は、十二条から成り、日本の戦争責任者を裁くことに主眼を置いていた。

第一条には「国体ノ順逆ヲ紊リテ天皇ノ輔翼ヲ謬リ　其ノ大平和精神ニ随順セズシテ主戦的　侵略的軍国主義ヲ以テ政治行政及国民ノ風潮ヲ指導シ　又ハ指導ヲ輔ケ（略）満州事変　支那事変又ハ大東亜戦争ヲ挑発誘導シ　内外諸国民ノ生命財産ヲ破壊シ且ツ国体ヲ危殆ニ陥ラシメタル者　施設又ハ社会組織ニ付之ヲ処断シ除却シ又ハ解消セシムルコトヲ以テ目的トス」とあった。

満州事変以後の軍人、官僚、それに政治家、いわばこうした侵略政策の推進者は等しく天皇の命に反した指導者であり、彼らを一斉に裁くというのが条文の内容であった。

十一月八日、次田は岩田から渡されたこれらの案を吉田と共に検討している。外相としてこの自主戦犯裁判を行いたいと、天皇にも説得したらどうかというのだ。次田によると、吉田は「日本に於て戦争犯罪人の検察処罰をなすならば、外務当局として折衝上都合よろし」と答えたとある。

吉田にすれば、アメリカとさまざまな交渉をするうえで、このような裁判を行ったほうが得策と考えていたのである。第一幕でこの裁判が凍結状態になっていたのが不満だとの意思表明であった。吉田は次田に戦犯裁判の法案づくりを急がせた節もあった。

あえてつけ加えておけば、次田は法制局の官僚に条文づくりを命じているが、しかしこれはなかなかうまくいかない。法制局の官僚は、戦犯裁判はアメリカ側が行うのであり、日本側としてはその法的根拠を見つけるのが難しいと考えていたからである。こうした法制局の官僚たちの下では、司法相の岩田が自らの周辺でまとめたこの条文は、そのまま立法府の法案にはなりにくい、それでは勅令に、ということになるが十一月になると天皇にはそのような権限は与えられていないことが明確になる。次田は衆議院に戦争責任者裁判法を提出しようと企図していたのだが、十一月二十二日の法制局との最終打ち合わせでは、そのような法案はつくれないとの意見を受け入れて、この法案は陽の目を見ることなく消えていった。

日本側の自主戦犯裁判構想の経緯はこの段階で終わる。しかもこの件に関する文書などは完成されておらず、史実としては「幻」に終わった。内務官僚であった次田や司法相の岩田の日記や回想記にも自主戦犯裁判の構想は触れられていても、前述の条文などはまったくない。私は次田の日記を編んだ刊行会の関係者や岩田の遺族にもあたったが、その条文は手元にはないと知らされた。

なぜ牧野伸顕の手元に？

ところがこの条文は、戦後四十年余を経て牧野伸顕の関係文書の中にまぎれこんでいることが、ある研究者によって発見された。ガリ版刷り一枚である。どこにもなかったこの条文がなぜ牧野の手元にあったのか。しかもすべての史料が焼却、あるいは破棄されているのに、なぜ牧野の史料の中にあるのか。それはこれまでも明確になっていないし、今も判然としない。

いうまでもなくこの十二条の自主戦犯裁判の法案は、文官たちがこの国を存亡の危機にまで追いこんだ軍事指導者たちの責任を問う内容である。天皇の意思に反して戦争を進めた勢力、そして個人の責任を問い、第二条では「左ニ該当スル者ハ之ヲ叛逆罪トシテ死刑又ハ無期謹慎ニ処ス」と断罪している。ここでいう「左ニ該当スル者」とは次の二つのタイプである。

一、天皇ノ命令無クシテ兵ヲ動カシ妄（みだ）リニ軍事行動ヲ惹起（じゃっき）シ侵略的行動ヲ指揮シ　満州事変　支那事変　大東亜戦争ヲ不可避ナラシメタル者

一、明治十五年軍人ニ賜リタル勅諭ニ背キ軍閥政治ノ情態ヲ招来シ　国体ノ真髄ヲ破却シテ専横政治又ハ之ニ準ズル政治行動ヲ以テ天皇ノ平和精神ニ逆(さか)ヒ　大東亜戦争ヲ必至ナラシメタル者

このほか「無期又ハ十年以下ノ謹慎」では軍閥への協力者である政治家や言論人などが裁かれることになっている。もしこれが昭和二十年九月から十一月の間に決まり、東京裁判とは別に日本人が自主的に法廷で裁いたらどのような結果になっただろうか。日本国内には内乱まがいの行動も起こっただろう。

私はこのガリ版刷りの現物を国会図書館の憲政資料室の一室で見たときに、軽い興奮を覚えた。もしこれが実施されていたら、日本は他国とは異なった戦争観を持つ国民として記録され、記憶されていったのではなかったろうか。

あえて私の推測をつけ加えておこう。なぜこれが牧野のもとにあったのか。いうまでもなく吉田は、ためらいもなく岳父のもとに届けたからであろう。条文をガリ版刷りにしたのは誰だったのか。私の見るところ最終的に司法相の岩田と次田、それに吉田が文章を手直ししながら三人で条文としてまとめたのではないか。まだ充分に条文化できない箇所もあり、それでひとまずガリ版刷りにしたのであろう。

これを天皇に伝えるのはかつての側近である牧野の役割であったのだ。あるいは吉田が

外相としてガリ版刷りにし、岳父に見せて助言をもらおうとしていたのではないかとさえ思われる。吉田の考えがこの十二条の条文の隅々にまで行き渡っているところに、私は吉田が中心だとの思いを強くするのである。

憲法改正論に不快感

昭和二十九（一九五四）年十二月七日に首相を退いた吉田は、退陣後も、憲法改正の話題を持ちだされると、とたんに機嫌が悪くなった。戦後になっても吉田がただひとり気を許した前記の辰巳栄一（吉田が駐英大使のときの駐英武官）は、首相時代の吉田の防衛問題の顧問役も務めていたが、その辰巳が、自衛隊を認めるのには憲法改正が必要ではないかと問うている。昭和三十年ごろというから、吉田が首相を退いて間もなくのことだ。吉田は次のように答えたというのである。

「吉田さんは表情を一変して語気鋭く、私に反論しました。憲法が国の基本法としてひとたび決定された以上、五年や十年でそうやすやすと改正すべきではないというのです。私は吉田さんの性格を知っていますので、それからは憲法改正はタブーだと思い、二度と口にしませんでしたよ」

辰巳のこの言は、麻生和子も私のインタビューで認めていた。軍事というより、日本の軍人教育とそこで育つ軍人にきわめて批判的な見解を持っていた吉田は、実は現在の憲法を制定していくときの首相でもあった。それゆえに憲法改正を口にする論者に、首相退陣後でも激しい怒りの表情を見せたというのであった。

私は、吉田が再軍備論者ではないとか憲法改正論者ではないと言わんとしているのではない。吉田の政治姿勢は、かつての外交官として軍事を背景に発言力を高めようとの意図はあっただろうが、しかし現在の憲法については二つの理由で改正論を許さなかった、と私には思える。その第一は、前述のように現在の憲法は自らの代でなしとげたがゆえの自負である。天皇制が認められるか否かのかけ引きがあったときに、天皇の存在を憲法の中に明確にしたのはなによりもの誇りだったのである。この憲法は、天皇制に反対する戦勝国や論者たちからは天皇を守る防波堤になっていると考えられていたのだ。

そして第二点としては、吉田の後任であった鳩山一郎が、憲法改正をスローガンにして政界復帰を果たしたことに吉田は強い怒りを持っていた。吉田の護憲という姿勢は、改憲派・鳩山への対抗意識でもあった。

実はこの二つをもって、吉田は自らの護憲の論理を構築していたというべきだ。私たちは、護憲とか改憲を実に単純に革新派が護憲派であり、保守派が改憲派だと捉えてきた。そういう雑駁（ざっぱく）な見方で、護憲とか改憲という枠組みを論じていたのである。しかし現実には、憲法制定に関わった政治家や研究者、それに天皇側近たちは、のちの社会党や共産党が主導権を握っている護憲派とは異なる目で国民を覚醒させよ、との意思を持っていたのである。吉田は天皇制を認める憲法が具体的に運用されるときの常識的な道筋を考えていたというべきであった。

天皇条項に安堵

吉田は幣原喜重郎内閣のあとを受けて、昭和二十一年五月から二十二年五月までの一年間、自らを首班とする内閣をつくった。鳩山がGHQによって公職追放になったあとの自由党を、吉田が継いだわけだが、自由党は比較第一党であり、単独で政権を担うことはできなかった。そのため吉田は、社会党を含めて挙国一致内閣を考えている。しかしこの案は社会党に拒絶されたために、進歩党との連立を基盤とすることにしたのである。

実は吉田が第一次内閣を組織したこの一年は、大日本帝国から日本国への転換の年にあった。吉田にはこの期に四つの課題が与えられたと私は思っている。「食糧危機の克服」「GHQ指令による民主改革」「労働攻勢への反転」、それに加えて「憲法改正」だったのである。

吉田はこうした政治改革に正面から向きあったと言っていい。そして自分なりの思惑で、事態を変えていくのであったが、とくにこの中で「憲法改正」には真剣に取り組み、なんとしても自分の代で新憲法をつくるのだとの強い意識を顕わにしていた。

昭和二十一年五月、吉田が首相になるまでの憲法改正の俯瞰図を大まかに見ておくことにしたい。

幣原内閣のもとで松本烝治（じょうじ）国務相が中心になって憲法改正案づくりを進めた。松本委員会は、大日本帝国憲法をわずかに手直ししただけの甲案、乙案をつくり、それをもとにGHQと交渉するつもりであった。しかしこれらの両案はとても民主的とはいえないとの声がGHQ内部でも強まった。とくにマッカーサーは本国政府から民主主義憲法をという要請を受けていたから、それには応えなければならなかったのだ。

マッカーサーは、天皇をシンボルとし、戦争を放棄し武力を持たない、封建制の廃止の三条件を入れて案をつくるように将校たちに命じた。この案がまとまったのは二月上旬のことだった。

その案は、GHQ民政局の局長ホイットニーから吉田や松本に手渡された。これが二月十三日である。当初、吉田は読み進むうちに激怒したのだが、その怒りは通じず、つまりは受け入れる形になった。

吉田は閣僚の一人として多くの不満を持ったが、それでもこの方向でまとめることにし、日本側の案とGHQが示した案をもとに、新たな憲法改正案を練っていった。それを「憲法改正草案要綱」にまとめたのは、三月四日から五日にかけてである。天皇が存在することが認められたという点では、吉田をはじめ閣僚たちは安堵の気持ちを持ったと、のちに回顧録に書き残した者もあった。

最も頼りにした金森徳次郎

三月五日に天皇の承認を得ることになった。天皇は喜びを率直に表して、早めに国会での審議を進めるようにとの意向さえ洩らしている。

幣原や吉田は、日本占領に口を挟むことのできる極東委員会の中には、日本の天皇制に批判的な国々からの糾弾を受ける可能性があるから、この憲法改正草案要綱は早めに現実化したいと焦っていた。

さまざまな事情と闘いながら、現在の憲法案を練っていた吉田をはじめとする政治家たちは、その後の改正論者の言を聞いたり、占領憲法だと誹るような発言には、反射的に反発する感情を持ったというべきだろう。それは社会党などが主張する護憲派とは異質の政治姿勢であり、系譜であるように思うのである。

前述の新憲法草案は、三月六日にその全文が公開された。言うまでもなく、これは現在の憲法そのものなのだが（むろん国会審議で一部の変更があったにせよ）、当時の新聞は「主権在民」「戦争放棄」が盛りこまれていると報じ、国民の目にはなんとも正直に映った。その代表的意見が、金森徳次郎の意見であった。

国立公文書館が発行している『誕生　日本国憲法』によれば、次のように紹介している。引用しておこう。

「改正についての要否、改正を急ぐべきか否かといった対立軸が錯綜（さくそう）するなか、戦前の岡田啓介内閣で法制局長官をつとめ、天皇機関説事件によって野に下っていた金森徳次郎は三月九日の『朝日新聞』に論説を寄稿します。金森は政府の憲法改正草案要綱を『画期的』と評価し、『大戦の経過は我々に真の反省の機会と正視の能力とを与えた。此の機会において清明心を発揚して果断に実状を論結せねばならぬ』と政府案をベースに腰を据えた議論が必要であるとの立場を示しました」

この論説に触れた吉田は、すぐに金森と連絡をとり、自らの内閣の中に憲法問題専任の国務大臣というポストをつくって、金森の知見を頼りにすることになった。実際に、金森は政府側の答弁の多くを引き受け、この憲法の成立に全力を投入していくことになったのである。

「十一月三日公布」の意味

吉田は金森を最も頼りにして、憲法改正草案を現実の憲法に仕立てあげるためにコンビを組んだのである。こう見てくると吉田は、この憲法づくりに自らの政治生命を懸けたことがわかってくる。

あえて付言すれば、こうした吉田や金森の動きを無視して、「占領憲法」呼ばわりしたり、「押しつけ憲法」と批判するのは、あまりにも皮相的であり、批判する側の見識のなさが浮きぼりになってくるように思う。『朝日新聞』紙上での論説に触れて、すぐに接触を始め、大臣のポストに就ける素早さは、改めて史実として私たちは知っておくべきであろう。

新憲法草案は、枢密院でまず審議が行われ、六月八日に可決された。次いで帝国議会に移された。六月二十五日に吉田内閣のもと、提案説明が行われ、引き続き帝国憲法改正案委員会での質疑が始まった。九十日ほど後の十月七日に採決が行われ、賛成三四二、反対五で可決されている。ちなみにこの反対は共産党員によるものだった。そして十月二十九日に枢密院に天皇も出席して、改めて改正法への賛意が確認された。同時に枢密院もこれによって廃止と決まったのである。手続きについて触れておくと、十一月三日に政府によって公布され、翌二十二年五月三日から施行されることになった。

この手続きで気になるのは十一月三日である。大日本帝国下ではこの日は明治節（明治天皇の誕生日）とされている。吉田がこの日を選んだのは、天皇の「日本の民主主義は明治天皇の発せられた『五箇条の御誓文』にみられる」との発言（この年一月一日の人間宣言）に関わりを持たせようとの配慮であったのだろう。GHQの将校の中には、十一月三日に新憲法の公布はおかしいとの論もあったが、吉田は直々（じきじき）にマッカーサーを説得して認めさせたのである。

吉田はこうした歴史上の関わりを一切語っていないのだが、この憲法下の新生日本を明治維新以後の日本の歩んできた道に戻すとの思惑があったということだろう。吉田はその回想の書（『回想十年』）の中で、日本は満州事変から「大東亜戦争の終結まで」は変調をきたしていたと話したが、それを正調に戻そうとしたところに「十一月三日公布」の意味があったと思われるのだ。

つけ加えておけば、帝国議会での憲法論議の中で、吉田が最も強調したのは、天皇の地位である。そのうえで主権在民、基本的人権の尊重、民主政治の確立、そして戦争放棄について、この憲法の特徴を説明している。吉田は、九条の戦争放棄についてさほど詳しく答弁はしていない。自衛権を否定しているわけではなく、自衛の名のもとに行われる戦争そのものを否定しているのだ、との枠内での答弁であった。

吉田はこの問題を法律上で論議すると、際限なく論理が複雑になると考えていたようであった。そのことは『回想十年』の中でもわかりやすく説明している。

「今日わが国に対する疑惑は、日本が好戦国であり、何時復讐戦をして、世界の平和を脅かすかも知れぬということが、日本に対する大きな疑惑となっている。先ずこの誤解を正すのが、今日われわれとして為すべき第一のことである」

つまりこの憲法は、「戦間期の思想」を持たないとの哲理を含んでいることを吉田は暗に認めている。「戦間期の思想」とは、戦争で失ったものを戦争でとり返すという考え方で、第一次大戦終結の一九一八年から第二次大戦開始の一九三九年までの二十一年間のナチス思想を具体的に指す。

私は、麻生和子の話から、吉田の全体像を理解したのだが、その結論はこの歴史的な視点にあるとあえて書き残しておきたいのである。

朝鮮の非武装案

昭和二十年代、日本は太平洋戦争の敗北によって、アメリカを中心とする連合国側に占領、制圧されることになった。いわば国家主権を失ってしまったのである。その間六年八ヵ月、吉田茂が首相として巧みにアメリカ側と交渉を続けたことは特筆されるべきである。その例を挙げておきたい。

吉田は、百科事典『エンサイクロペディア・ブリタニカ』一九六七年版の補追年鑑の巻頭論文に「日本を決定した百年」という長文の論文を寄せている。そこで占領後期にアメリカの大統領特使ジョン・フォスター・ダレスと講和条約の交渉を行った経緯について触れている。

「平和条約（保阪注・講和条約）の骨組は、だいたい、ダレス特使のこの第二回目（注・昭和二十六年一月）の来朝のときにでき上がった。日本の安全保障についての合意をはじめとして、占領中の改革を平和条約で恒久化するようなことはしないこと、賠償については日本に外貨負担を課さぬため現物賠償を原則とすること、また戦犯についてはこれ以上新たに訴追を行なわず、かつ、既決の戦犯者の刑の赦免、軽減等の道を開くことなどについて了解をみた」

つまりダレスは、日本にとって温情的な条件で各国を説得すると約束したというのである。戦勝国の多くは日本に厳しい目を向けている中で、とにかくダレスと、日本の置かれている現実を踏まえて結論を出すことができたと書いている。すでにこの半年前（昭和二十五年六月）に朝鮮戦争が勃発し、東西冷戦は軍事的に火を噴く形になっている。講和条約の案にもこの軍事衝突が反映してくるであろうし、何よりもアメリカ側は再軍備の要請や日本の基地駐留は当たり前と、さらに軍事的要請を行うことも予想された。つまり「敗戦国日本はまず経済復興」と考えている吉田にとって、アメリカ側の軍事的要請やそれに伴っての朝鮮戦争への何らかの参加を想定しながら、講和条約の条文づくりが始まる可能性があった。

吉田は講和問題を考えるために、私的な懇談グループを密かにつくっていた。そのメンバーには有田八郎（元外相）、小泉信三（元慶應義塾塾長）、馬場恒吾（ジャーナリスト）など九人が加わっていたが、いずれもリベラル派であり、軍事路線には消極的な意見の持ち主ばかりだった。吉田はそのようなメンバーを政治家よりは頼りにしていたのである。このメンバーたちに、吉田は「いまアメリカ側に朝鮮の非武装を提案したらどうだろうか」と相談している。朝鮮戦争をすぐに終わらせたほうが日本の国益にかなうとの意見であろうが、これに対してメンバーからは賛同が得られなかった。現実に戦闘行為が続いているのに、とうてい無理だろうというのであった。確かにそのとおりで、吉田の案はあまりにも突飛だというべきであった。

「北太平洋で戦争をしないでほしい」

吉田周辺の私的なグループに賛同を得られないにしても、吉田自身はあきらめない。

そこで吉田は外務省の西村熊雄に、次のように命じた。

「日本と朝鮮の非武装、そして一定地域からの空軍基地の撤去、西太平洋においての海軍兵力の縮小を骨子とする案をつくるように」（昭和二十五年十月二十一日）

西村はこの案を聞いたとき、このころの日本としてはあまりにも大胆すぎて案を練ること自体困難であったと書き残している。それでも第一次大戦後のベルサイユ条約や国際法の研究者らを訪ね歩いて何とかまとめたというのである。実は吉田は外務省にこの案だけでなく、四つの案を練らせている。A作業、B作業、C作業、D作業と言われているのだが、一般にはA案、B案、C案、D案と言われる。今も外交史料館には残されていると思う（私が確認したのはもう二十年ほど前になるのだが）。タイプ印刷されていて、この日本と朝鮮の非武装案は通称C案と言われている。その前文を紹介しよう。

「相互に且つすべての国及び政府とともに平和のうちに生きようとする願望ほど、今日世界に普遍なものはない。この願望が実現するためには、国際の平和と安全が、国際連合の憲章の原則に従って、国際連合によって維持し増進されることが必要である」

このC案の文書タイトルは、「北太平洋地域における平和および安全の強化のための提案――一九五〇年十二月二十八日大臣へ提出――」となっている。つまりダレスの二回目の来日の直前に編まれた文書だというのである。そのうえで「具体的措置」として四項目が挙げられている。その第一項は「北太平洋地域の平和と安全の増進のため、日本は、その憲法の規定し且つ既に実行してゐる非武装を維持する」とあり、朝鮮もそうすべきとあるし、さらに主たる国（アメリカ・ソ連など）は、それらの中立を保障するともあった。

　Ａ案、Ｂ案、Ｄ案などは日本がアメリカの同盟国として再軍備はできないが、基地の提供などは行うというのが骨子になっている中で、このＣ案は吉田にとっては、「隠し玉」だったのである。これをわかりやすい表現で語っていくなら、次のようになるといえるのではないか。

〈あなた方があれこれ軍備を要求したり、さらに現状の日本ができないことを要求してくるのなら、われわれとしては北太平洋はすべて非武装地域にしたいと思っている。だからこの地域では戦争なんかしないでほしい〉

　吉田は、講和条約を強引に、しかも軍事をからめてくるなら開き直ろうとしていたのではないか、と私には思える。

〈ポツダム宣言とは、つまるところあなたたちはそういうことを要求してきたのではないか。私はその考えのとおりに今、実行しようとしているのだから別におかしいことはないはずだ。おかしいのはあなた方のほうではないか〉

　吉田がダレスの前で開き直ったとしたら、戦後の日米関係は変わったかもしれない。いや、それ以上にダレスが怒って、たとえばアメリカに帰ってしまえば講和条約の案づくりは、なおのこと苛酷な形になり、連合国各国が日本に賠償を要求するのを放置して、説得などしてくれなかったかもしれない。

議員をほとんど信頼していない

前述のブリタニカの論文の中には、「関係国のなかには賠償取り立ての強い要求をもつ国や、日本の軍備制限を講和条約に規定しようとする国もあったし、英連邦諸国のように日本の経済能力を制限しようという国もあった」と記述されているが、それらの国に対して「ダレス氏はこうした意見を説得し、『和解と信頼の平和』のために努力を重ねてくれた」というのである。これらの表現からは、吉田が、講和条約案づくりは自分の考えている方向でまとまったと評しているといっていい。

こう書いてくると、吉田は講和条約案を含めて、アメリカとの交渉はすべて自らの一存で進めたことがわかる。どういうことかといえば、吉田は閣内の誰にも、そして政治家にはまったく相談していないといってもいいのだ。前述のように有田、小泉、馬場のほかに横田喜三郎（国際法学者）、向井忠晴（実業家）など、吉田好みの知識人たちに相談していたことがわかってくる。

吉田政治を調べていくと、あるいはワンマンと評される吉田の政治手法をなぞっていくと、立法府の議員たちをほとんど信頼していないという実像が浮かびあがる。確かに後半、吉田学校と称して池田勇人や佐藤栄作などはその門弟といわれるが、しかし吉田は彼らを自らと対等の立場と見てはいない。いわば教え子のようなものだろう。

吉田が信頼した自由党の代議士といえば、益谷秀次、林譲治らの名がすぐに挙がってくるが、彼らに保守政治家としての国内向けの信頼感はあるにしても、外交交渉などの相談相手にはなりえていない。

このような往時のさまざまな状況を含みながら、私は麻生和子に、「吉田さんは自由党の代議士をあまり信用しなかったのでしょうか。やはり議会人は戦前は軍部の言いなりになったということで、心中では不信の念を持っていたのですか」と質問した。

麻生は、何人かの代議士の名を挙げ、その忠勤ぶりに下心があったとも話していた。その率直さに、私は驚かされた。また、遠回しにではあったが「彼は講和条約の案づくりではもっぱら外務省の後輩たちを頼りにしたのではないですか」という言は、政治家に相談してもこのような国益に関する交渉はほとんどの者が慣れていない、という意味ではなかったろうか。

「吉田はこのときに徹底してC案にこだわるべきであった」との論は外交史や近代史の研

究者の中にも存在する。それは歴史的視点でということになるだろうが、吉田が結局C案を出さなかったのは、二月七日のダレスとの三度目の交渉でB案を示し、ほぼその方向で話がまとまっていったからだった。このB案は、日本は防衛能力を持たない分、国際連合に依存する形になるが、この国際連合の果たす役割をアメリカに置きかえるといった形になっていたのである。しかしたとえば、元関西学院大教授の豊下楢彦は、アメリカの要求は基地の使用が主目的であり、再軍備は従であったのだから、主を前面に出して交渉すれば、非武装（つまりC案）は押し通せたとの見方もある（田原総一朗『日本の戦後』）。

マッカーサーとのホットライン

この点は今では検証不能でもあるのだが、しかし吉田がことによっては「日本の非武装」をもって、アメリカ側に開き直ることもありえたというのは歴史の教訓である。そのうえで推測を重ねていくことになるが、吉田がこの案を練らせた昭和二十五（一九五〇）年十月、あるいは十一月というのは、朝鮮戦争においては国連軍が北朝鮮軍や中国軍を攻めきれない状況にあり、軍事的には膠着状態だったのである。イギリスのベビン外相のように、戦争を一刻も早く終結させるためには、中国・朝鮮の国境沿いに非武装地帯を設けるべきではないかと主張する指導者もいた。

吉田の提案は、図らずもこれを受けた形になっていた。もしこのC案を吉田がアメリカ側の提示する案や講和条約の原案として公然化していたなら、国際社会の中に驚きをもって迎えられたことであろう。日本はアメリカの枠組みを超えて、中立的な立場での発言権を強める有力な国であり、吉田はその国を率いる指導者として相応の評価を受けることになったのは間違いない。むろんこれは吉田自身の政治思想とは大きく異なっている。吉田は、日本が進むべきは米英との連携であり、共産主義諸国とは対立状況にあることを厭わないとの思想の持ち主で、中立的な立場はもっとも嫌っていたからだ。

そういう立場でありながら、C案を携えて「この案で最終的にはアメリカに対抗することもありうる」と考えるのは、それだけしたたかな政治家であるという意味になるであろう。

あえてつけ加えておくべきだが、吉田はダレスとの会談のあとは、マッカーサーを訪ねて講和条約についての日本側の見解を説明している。アメリカのトルーマン大統領とダレスという路線と、マッカーサーの間には充分な意思疎通ができていないうえに、政治的な対立があることを知っていたためである。その間隙にくさびを打ちこむというのが吉田の戦略であった。この間、外交官として日本に滞在していた国務省の元日本課長、R・B・フィンはのちに『マッカーサーと吉田茂』という書を著したが、その中で「このころになると吉田はほとんど親友のようにマッカーサーを頼りにしていたらしい。マッカーサーも、吉田の意図がアメリカの政策と対立する場合でさえ、吉田に理解を示した」と書いている。ふたりの間にはホットラインがあったともいう。

麻生和子の指摘する「彼とマッカーサーが気脈を通じていたのが日本にとってはよかった」という言は、秘書だけが知っている史実があったということかもしれない。

「戦争清算」の会議

昭和二十六（一九五一）年九月四日から八日まで、サンフランシスコのオペラハウスで講和会議が開かれた。正確には、「対日講和条約締結調印会議」というのだが、要はかつての大日本帝国が解体し、新たに日本国として再出発する「戦争清算」の会議ということができた。日本にとっては明治維新に次ぐ第二の開国という言い方で語ってもよかった。

国際会議といえば参加国（この会議は五十二ヵ国）がほぼ白紙の状態で臨み、そして討議をくり返し、なんらかの結論に達するのであったが、ことこの会議に関してはすべてが決まっていて、それにもとづいて議事は進行することになっていた。つまりアメリカが中心になって講和条約をまとめ、それをすでに諒解を得ている参加国に提示し、条約を承認する儀式、ともいえた。とはいえ東西冷戦下にあって、ソ連とポーランド、チェコスロヴァキアは事前にこの条約を諒解しておらず、議場で反対討論や決議案を提示することが予想されていた。

このときから六十七年を経た今、改めてこの会議を俯瞰してみると、日本にとってこの議場での意思表示は、世界への新生日本を披露する場だったことがわかる。吉田茂はまさにこのときの主役でもあったのだ。あえてつけ加えておけば、参加国五十二ヵ国は日本と宣戦布告した国、あるいは日本が一方的に侵略して迷惑をかけた国などだが、まさに世界を相手に戦争を続けたことがわかってくる。このほかにもインド、ビルマ、中国や韓国など参加していない国もあり、第二次大戦下の太平洋戦争では、日本は六十ヵ国余の国々と戦争を行ったことになる。

日本は国際社会での白眼視から、少しずつ信用を回復していかなければならなかった。それだけに吉田はこの全権団を超党派で構成しようと各派に参加を促した。社会党も全権団に加わることになって、ひとまず形はつくられたのである。

ちなみに主たるメンバーを紹介すると、首席全権は吉田茂、全権委員は星島二郎（自由党）、苫米地（とまべち）義三（国民民主党）、徳川宗敬（緑風会）、池田勇人（大蔵大臣）、一万田尚登（いちまだひさと）（日銀総裁）で、このほかに全権代理、国会からの派遣団十二人などであった。吉田の娘・麻生和子は秘書の役で吉田に随行していた。当時の報道写真によるなら、麻生は和服姿で吉田とともにレセプションに加わるなど側面から新しい日本の姿を紹介している。海外のメディアも好意的にその姿を取り上げていた。

私の取材の折に、麻生はこの会議によって日本を戦争の加害国の立場から許すといった方向へ流れていく国際世論を感じたと話していた。英会話が巧みで、しかもクリスチャンという肩書から、外国人記者に好意的に発言が紹介されたのである。

謝罪の姿勢に信頼が

九月四日から始まった会議で、アメリカのトルーマン大統領は「今後は憎しみを捨て、勝者も敗者もなく平和への協力者になろう」と参加国に呼びかけた。アチソン米国務長官が議長になって議事は進行したが、冒頭にソ連代表のグロムイコが講和条約案に修正案を提出した。グロムイコの演説は、この案が米英主導であり、他の戦勝国の意思はまったく反映されていないと語気鋭く詰めより、このままでは新たな戦争のきっかけになりかねないとも発言した。中華人民共和国が参加していないのもおかしいと演壇から呼びかけている。グロムイコは次々と修正案を提示したが、それらはたとえば四八対三といった圧倒的多数により否決された。

このころアメリカ社会にはテレビが登場していて、トルーマン大統領やグロムイコの激しい演説はそのまま電波にのり、改めて国際社会の動きに同時性がもたらされることになった。それだけに外交にも「視覚」の要素が取り入れられることになったのだが、この会議の初日後も吉田は、アチソン国務長官やダレス特使に伴われて各国に挨拶回りを続け、日本はこの条約案を順守することを約束するので賛成してほしいとの映像が流れた。

前出のR・B・フィンの著書（『マッカーサーと吉田茂』）には、次のようにあった。

「植民地支配を脱したアジア諸国のなかでは、フィリピンとインドネシアが会議の成功の鍵を握るとみなされていた。さらにパキスタンとセイロンも賠償に不満を抱いていたし、オーストラリア、オランダ、ノルウェーは、戦争捕虜に対する補償や漁業権および捕鯨権に関して別の不満を抱いていた」

吉田はこれらの国を個別に訪ねて、日本は今後は新しい関係を築きたいと説得して歩いたのだ。これらの国は議場でも日本批判をくり返しつつも、アメリカと共同歩調をとる日本に一定の信頼を示した。総じて冷たい空気はあったが、日本の全権団の謝罪の姿勢は相応に信頼されたというべきだった。

会議の四日目にあたる九月七日の夜、各国の演説が終わったあと、吉田は登壇してこの講和条約案を順守することを誓ったのである。当初、吉田はこの演説を英語で行う予定でいた。しかしダレスらが、自国語がいいと勧めたとされている。実際に吉田はこの演説草稿を事前にアメリカ側に見せているが、ダレスはこの部分はこう変えたほうがいいと高圧的に指摘したという。吉田はそれを受け入れたが、この講和会議に至るまでダレスが、少しでも日本側に有利になるように各国を説得して歩いたのだから、当然ともいえたのである。

「平和に生きる喜び」

吉田の演説は、その冒頭では「かつて武力制圧を考えた日本の一切の野心、一切の誤った欲望に各国の人びとは苦しめられた。同時にこうして苦しむ人びとの中には日本の国民もまた含まれていました」という趣旨を述べたあとに次のように言った。

「日本国民は今やアジア諸国並びに全世界の人びとと平和に生きる喜びをもっています」

この強い口調に、会場は初めて強い拍手に包まれた。日本国民もまた軍閥の犠牲であった、だが今は、戦争から解き放たれて平和がどれほど大切かを知っているとの内容には、日本の再出発の決意表明というべきものがあった。

吉田は続いて領土問題、賠償、そして日本人の外地からの引き揚げなどに触れていった。領土問題や日本人の引き揚げではいずれもソ連を対象にしているのだが、領土問題では次のように語った。

「領土問題について奄美大島、琉球諸島、小笠原群島その他国連の信託統治におかれる諸島の主権が日本に残されるという米・英全権の発言は多大の喜びをもって諒承します。これらが、一日も早く日本国の行政の下に戻ることを期待するものであります。千島列島、南樺太の地域を日本が侵略によって奪取したというソ連の主張には承服いたしかねます。これらは日本降伏直後の一九四五年九月二十日、一方的にソ連領に収容されたもので、色丹島、歯舞諸島もソ連軍に占領されたままであります」

この演説はソ連の中立条約違反を暗に責めているが、同時に千島列島全体がソ連に不法に占領されているとの表現は用いていない。この辺りにアメリカ側への配慮があったということになるのだろう。そのうえで吉田は、講和条約案は「公正にして寛大であり、わが国の国民の圧倒的な支持を得るであろう」とも述べ、アメリカ側に謝意を表すことを忘れてはいなかった。吉田の政治姿勢を見事に示すとともに、日本国内にあった単独講和か全面講和かの議論に終止符を打つ意味も持っていたのである。

この吉田演説の翌日、各国との調印式が行われ、四十九ヵ国が講和条約案の受け入れを明らかにして調印している。前述のようにソ連を含めて三ヵ国が調印を拒否した。調印式が終わったのは九月八日の午前十一時四十四分であった。

このあとの昼食の席で、吉田は共に訪れた全権団の随員に語ったという。「日本はサンフランシスコでは敗戦国でありながら、三十二年前に戦勝国として参加したベルサイユのときよりもうまくやったよ、と。吉田はサンフランシスコで日本代表団に示された好感に驚きの念を覚え、かつて日本代表団の若い一員として出席したベルサイユの地で日本に示された批判的な態度を思い出していたのだ」（フィンの前掲書より）

ただ吉田自身の記述にはこのようなところはないのだが、この一節が正直な感想だったのだろう。

素朴な非戦思想が凝縮

つけ加えておけば、麻生和子は吉田がこのような会話を随員と交わしたことは覚えていないと証言した。ただアメリカ社会が、この講和会議を吉田が言っているように超党派で温かく迎えてくれたのは事実だ、ともつけ足していた。

私が麻生に会ったのは、平成二年のことだが、そのときに「私は年に一回はアメリカかイギリスに行くという習慣を持っている。この国にばかりいると窒息しそうになるから」と話したのも印象に残っている。この時期の記憶もその動機のひとつになっているのではないか、と私には思えたのであった。

調印式が行われた日の夕方、吉田は単独でサンフランシスコの第六軍司令部に赴き、日米安保条約に調印している。アメリカ政府を代表してアチソンとダレス、加えて議会を代表して二人の上院議員が調印したが、日本側は吉田ただ一人だったのである。この安保条約は日本の基地提供とかアメリカ軍の特権的地位を認める日米行政協定の容認など、占領期を追認するような内容になっていた。それだけに吉田としては、これでは独立したといっても占領期と変わらないではないか、との批判を恐れていた。

〈将来、いずれこの安保条約は問題になるだろう〉

と吉田は考え、全権団の誰にもその責を負わすことを避けたかったのである。その点では吉田は、政治的度量を持っていたというべきであった。

九月十四日に、吉田は日本に戻ってきて政府声明を発表した。その中の一節である。この部分がもっとも重要な意味を持っていた。

「国民は一致団結して講和条約の履行はもちろん、ますます民主自由主義に徹して列国との理解を深め、世界の平和、文化、繁栄に努力して列国の期待に背かないことに注意することが新日本再建に資する所以(ゆえん)であると信ずる」

講和条約の発効は、調印から八ヵ月後の昭和二十七(一九五二)年四月二十八日であった。つまるところ日本はこの講和条約と引き換えに戦争の清算を行い、国際社会に復帰することになった。私たちの国は、この条約を永劫(えいごう)守ることが義務づけられているわけではないにしても、第二の開国はまさに条件付きでといってもよかったのである。全文二十七条から成る講和条約の第十一条には次のようにある。

「日本国は、極東国際軍事裁判所並びに日本国内及び国外の他の連合国戦争犯罪法廷の裁判を受諾し、且つ、日本国で拘禁されている日本国民にこれらの法廷が課した刑を執行するものとする。（以下略）」

東京裁判を受け入れることが前提になっている。もっともこれにも刑そのものを受け入れているわけではないとの論もあるが、それは現実には言い逃れでしかない。吉田は、占領期を指導する立場に立ったときに、しばしば「潔い負け方」という言い方をしているが、それはこうした言い逃れに歯止めをかけていたといえるのではないだろうか。

講和条約発効に至るまでに、日本の占領期間は六年八ヵ月続いた。それは日本が占領という枠内にあったにせよ、軍事主導体制を放棄して民主主義体制への舵（かじ）とりを行う期間であった。

しばしば安倍首相とその同調者は、「戦後レジームからの脱却」などという言い方をしていたが、それは吉田を軸とするこのような先達をいかに愚弄（ぐろう）しているか、いや、侮っているかということになる。

「戦後」はフランス革命時のレジームなどといった語を用いて語るにはあまりにも重い。

江戸期から日本人の底流には素朴な非戦思想が凝縮しており、「戦後」はそれを顕在化させた歴史を私たちは決して忘れるべきではない。

吉田における退き際の研究

吉田茂が最終的に首相の座を退いたのは、昭和二十九（一九五四）年十二月七日であった。六年二ヵ月に及ぶ在任期間である。もっともその前にも一度、一年間ほど首相の座に就いているから、延べにすると七年以上に及ぶ期間であった。

その吉田にも終焉のときが来る。権力の座を離れるのは、やはり辛く悲しいものらしい。吉田の退任期にもそれが見事なまでに表れていた。

吉田にとってこの年の十二月六日から七日にかけての二日間は、その寂寥（せきりょう）感をたっぷりと味わわなければならなかった。吉田に退任を迫る動きは、とうとうこの二日間で身内の者からさえなされるようになった。たとえば吉田が信頼していた副総理の緒方竹虎や門弟を自負している池田勇人をはじめとする大野伴睦、水田三喜男などの党三役らがこぞって吉田に退陣を促したのである。その吉田の最後の姿には、権力がどれだけ人間の心理を変えるかが窺える。国民は自分を批判していると、これらの政治家は語るが、それは次の理由によったと『回想十年』の中で書いている。「徒（いたず）らに政権欲に駆られ、ひたすら私を政治的に傷けようとする野心から、恐らくすべての事情を承知の上で、誇張歪曲してこれを利用した一部政治家」の妄言に踊らされているにすぎない、というのであった。

権力は怖いというのは、こうした心理である。吉田は、国民が怒りや不信を募らせていることをまったく知らなかったのだ。そしてこの二日間の直前には、自分を批判することが英雄視されるのは、日本の民主主義社会が向上する機会を失うことだと発言した。この発言に、新聞は「吉田独裁政権のあがき」とまで酷評した。吉田の時代は終わったというのである。

この二日間に至るプロセスを改めてなぞってみると「首相と世論の関係」、さらには「首相と側近のあり方」などさまざまな論点が浮かんでくる。私がこのことに気づいたのは、麻生和子の取材時に幾つかの発言を聞いて、多くの示唆を得たからだった。

麻生によるなら、吉田は講和条約発効により自らの歴史的使命を果たしたとの強い自覚を持っていたという。同時にこの後の日本社会は、国際社会に約束した道（それは共産主義との対決という意味を含んでいるのだが）を誠実に歩むべきだ、それを私は見届けたい、との思いを有していた。これは私の印象だが、麻生や夫の太賀吉（自由党代議士）は、権勢をきわめているときは、甘言と追従をくり返し、ひとたびその勢いが弱くなると掌を返すように批判する側に回る政治家に対して怒りの念を持っていることがわかった。

政治的人気が急落

むろんそれは緒方竹虎や池田勇人などの側近ではない。あえていえば、広川弘禅などがそうではなかったかと思う（実際に最終段階で吉田は広川を罷免している）。政治家にとって同志との関係がもっとも難しいのだろう。

十二月六日、七日の二日間に話を戻そう。昭和二十八、二十九年の吉田政治の晩年は、「三つの方向」（拙著『吉田茂という逆説』）から追いこまれた。第一は、保守勢力からの攻撃である。とくに巣鴨プリズンから釈放、公職追放解除後に政界に復帰した岸信介が、吉田を除く保守勢力の結集を呼びかけた。それに呼応する勢力は意外に広まっていた。長期政権への倦き（あ）である。第二は軍事力強化を企図して、社会党との間に亀裂が生じていったことだった。第三は保守勢力を揺るがした造船疑獄事件であった。昭和二十九年一月からのこの事件は、幹事長の佐藤栄作や政調会長の池田勇人にも検察の事情聴取が及んだ。佐藤には検察庁から逮捕状の請求が出された。

吉田は法相の犬養健に指揮権発動（検察庁法第十四条）に基づいての逮捕拒否を命じている。犬養はこのあと辞任を申し出て、吉田との間に距離を置くことになった。汚職事件への強権的態度は、与党の自由党内部に対しても不信感が高まり、『朝日新聞』調査の内閣支持率は二三パーセントにまで落ちこんだ。吉田の悪口を言えば政治風刺になると、「吉田は東條に匹敵するファシスト」という声まで広がった。

保守党の枠内に入る改進党は、あからさまに吉田への敵対感情を示した。自由党の緒方副総裁は昭和二十九年に入って改進党との保守合同を進めていた。しかし、しだいに改進党は「吉田抜きならば」との態度を示すに至ったのである。改進党の長老である大麻(おおあさ)唯男は、吉田でなく鳩山一郎を党首にしたいと主張していた。

一方で自由党の中にあって政策通として知られている石橋湛山も、この方向での統一を模索しはじめた。なにより吉田にとって衝撃だったのは自由党の代議士が、それぞれの選挙区に戻って国会報告を行うのだが、そんな折にも「吉田首相は来ないでほしい」と言い出したことだ。吉田の政治的人気は急落していった。

国会が閉会になったあと、吉田は九月二十六日から十一月十四日までの五十日間、ヨーロッパの七ヵ国訪問に出発した。これには幹事長の佐藤栄作も同行している。国民世論に佐藤隠しと見られることを懸念すべきだという側近の声にも耳を貸さなかった。訪問国はカナダ、フランス、西ドイツ、イタリア、バチカン、イギリス、アメリカで、講和条約発効後の国際関係で日本の立場を明確にするとの意図があった。加えて自らは西側陣営のリーダーの一人であると内外に認めさせることにあった。むろん国内での批判をこれによって和らげようとの思惑もあっただろう。

鳩山一郎との対立

実際、吉田は西ドイツではアデナウアー首相と一日に四回も会い、「伝統的友好関係」を深め、経済協力を進めることで一致している。イギリスでもエリザベス女王と面会が整ったし、チャーチル首相とも友好裡に話し合うことができたのである。

こうして外遊関係の日程はとくに問題もなく進んだ。しかし、国内政治の懸案はそれほど簡単に解決するわけではなかった。改進党との統一を含めて保守合同を進め、そこでは鳩山一郎を新総裁に据えるとの動きは着実に進んでいった。そのような勢力を含めて国内政治では、吉田は帰国後に辞任するだろう、外遊中に保守新党をつくるのは吉田に気の毒と、結果的に冷却期間を置こうとの意見が中心になって政局は動いていた。この点では吉田の思惑は成功したのである。

こうした事態を破ったのは、実は当の吉田であった。十月十七日に『朝日』の随行記者が、パリで単独インタビューを行い、紙上を飾った。そこで次のような発言を行ったのである。『朝日』の記者が、「鳩山さんはいよいよ反吉田新党に踏み切るようですが、吉田から鳩山へといった（禅譲の）コースは薄くなったようですが……」と尋ねた折の答弁である。

「そうでしょう。大体譲るとか、譲らぬとかいうことが間違っている。公事と私事を混同した言い分です。公事は公事、私事は私事です。例えば私が鳩山に譲る。私と鳩山の間はそれでいいかもしれぬが、百年後の歴史から吉田は国家に対して悪いことをした。そういうかもしれぬ。私は鳩山にいってある。ちゃんといってある。体を治して来いと……。お前にとって体を治すことが第一だ。これが第一だとちゃんといってある。（いつの間にか首相は言葉に熱を帯びた）ところがこのごろおかしい。何でもかんでもオレによこせ、そういうことでしょう。病気ですよ。私事は私事公事は公事、やむをえません」

たぶん外遊で一ヵ月近くも日本を離れていたから、政局への勘が鈍っていたのかもしれない。国内では決して口にしない批判でもあった。のちにこの言は、「鳩山君の病気がすっかりよくなって、国政担当に耐える身体になってほしい」との意味だと弁解したが、それはほとんど受け入れられなかった。

反吉田を旗印にして保守合同を意図していた新党グループ、吉田への反感を募らせていたグループ、そしてメディアを含めて国内世論は「吉田退陣」で歩調が揃ったのだ。新党運動は一気に加速した。

この動きを改めて見ると、吉田と鳩山の対立の因に、吉田が自由党総裁の座についたときの、吉田のいう三条件か鳩山のいう四条件かという問題があることがわかる。吉田は鳩山に、（一）金はないし、金づくりもしない、（二）閣僚の選定に鳩山は口出ししない、（三）嫌になったらいつでも放り出す、という三条件を提示したと言い、鳩山は、それに加えて（四）鳩山のパージ（公職追放）が解けたらすぐに鳩山にやってもらう、という四条件が決まっていたと主張、この食い違いが、二人の対立を生むことになったのである。吉田が記者に語った「私事」とはまさにこのことを指しているのではと考えられるほどだ。吉田は首相在任中もこのことをこれほどまでに気にしていたと考えれば、昭和二十年代の吉田政治のもうひとつの面が明らかになってくるといえるのではないか。

吉田は外遊から帰国しての記者会見で、執拗に進退問題が問われると、「私は政権に執着していない。悪い政治家を助けるようなことはしない」と答えた。悪い政治家とは、鳩山を指していることは誰にもわかった。帰国した日の夜に吉田は緒方に会って、適当な時期に辞めること、後任は副総裁（つまり緒方）ということの二点が、自由党の幹部会で申し合わされていると告げられている。外堀は埋められていたのである。

「大磯でゆっくり本でも読むか」

第二十臨時国会は十一月三十日に召集された。吉田内閣の賛否を問うのがこの国会の目的でもあった。十二月六日になって民主党、左派社会党、右派社会党の共同提案による内閣不信任案が提出された。可決に必要な人数は二五二人であり、自由党一八五人の中には反吉田が生まれていたことを考えると可決されるのは目に見えていた。そして七日には衆議院に上程され、可決される見通しとなった。

この期の吉田の心中は、可決されることになっても総辞職せずに国会の解散を考えていた。しかしこの解散には、自由党の幹部たちも納得していない。吉田は娘婿の麻生太賀吉や二、三人の腹心だけが自らの味方にすぎないことを知っていたのである。

七日夜、東京・目黒の首相公邸に吉田は緒方を呼んで話し合っている。総辞職を説く緒方に、解散を譲らない吉田、ふたりの間は平行線だった。何度かの話し合いで、解散というなら、私は閣僚として署名しないと緒方は明言した。緒方の伝記（緒方竹虎伝記刊行会編『緒方竹虎』）には「私は閣僚として解散書類に署名しません。むしろ政界から引退します。かっこうの悪い西郷になりますよ」「瞬間総理は僕の罷免を決意したるが如し」といった記述が見える。

緒方は、あなたが辞めないなら、私が辞めて故郷（福岡）に帰ります、と強い口調で諭したというのが史実のようであった。

吉田を最後に説得したのはもっとも身近な門弟といわれた池田勇人である。吉田は公邸に池田を呼び、「緒方君を罷免しろ」と命じた。池田は吉田の激高に恐れつつも、「総理にお辞め願うほかありません。緒方さんを罷免されることは総理の不見識を示すことになります。あえて解散すれば、党は二つに分裂するでしょう」と涙声で説得を続けたというのだ。そして池田は退出していった。

麻生和子の証言によれば、吉田は葉巻を吸いながら、しばらくは考えごとをしていたという。「夫から聞いたのですが、しばらくしてからソファから立ちあがり、夫に向かって、では辞めて大磯でゆっくり本でも読むか、とつぶやいたそうです。そして夫に辞任の書類を書かせたと聞いています」。娘にすればそういう父の姿は、一人の政治家として自らの哲学にもとづく充足感にあふれていたと想像できたのかもしれない。

吉田は、戦後日本の出発時に多くの業績を残したが、権力という座から離れるにも哲学や歴史観を必要とするということを次代に教えているのである。

あとがき

平成という時代が終わろうとしている。近代日本の天皇制は、「終身在位」「男系男子」という二つの柱によって支えられてきた。むろんこれは「近現代」に限ることであり、それ以前は生前退位はとくに珍しいことではなかったし、女性天皇とて歴史上には存在している。あえてこの二つを法的体系のもとで縛ったのは、天皇が大日本帝国憲法上の主権者であり、軍事的には大元帥という最高権力と権威を体現する存在であらしめるためであった。

今上天皇は二〇一六年八月に、「終身在位」という制度上のあり方について、これは過酷すぎる制度であるとの実感から、変えてほしい旨の意思表示を行った。いわゆるビデオメッセージによって、ご自身の考え方を明確にしたわけである。これまでの天皇の立ち場から考えると、とても想像できないことだった。それゆえに私は、あえて「平成の玉音放送」とか「平成の人間宣言」と評したのである。これは近現代天皇制のもっとも大きな出来事ではないかと、私は考えている。

歴史は日々ゆっくりと着実に動いている。それが私の率直な実感であった。日常の日々の中ではその動いていることはわからないが、一定の時間を経てみるとその本質が見えてくる。それは、そのときどきに歴史にかかわった人たちの姿が、歴史という視点の中で捉え直されるということでもある。

昭和という時代が過ぎ去ってからすでに三十年を経た。太平洋戦争が終わってからは七十年余も経ている。昭和の戦争という体験は、もう同時代とはいえなくなっている。同時代には見えなかった部分、あるいは歴史の枠組みに組みこまれることになって、初めてわかってくる部分、そのような部分が少しずつ明らかになっている。そして意外なことにも気づかされる。

本書は、同時代の中では見えなかった風景や、さほど詳細に語られていないが歴史の視点で見るならばきわめて重要な構図、さらには人間模様をとりあげている。私自身、昭和史の検証（それも実証的なとりくみを企図してきたわけだが）にあたり、四十年余に延べ四千人近くの人びとに会ってその体験や考え方を聞いてきた。日中戦争、太平洋戦争を含む昭和の戦争を解明したいと思ってのことだった。多くの証言を聞き、多くの光景についての説明も受けた。

私の聞いた証言や風景は、私の中で咀嚼（そしゃく）され、その折々にノンフィクションや評伝、評論として著してきた。しかし一定の時間が過ぎてみると、たとえば東條英機という戦時下の首相を私は七年近く取材を続け、その実像を明らかにすべく評伝を書いたことがあったのだが、この軍官僚によって指導された戦争の実態は、むしろ石原莞爾と比較対照することで、その歴史的罪が浮かびあがるのではないかと考えるようになった。東條には思想や哲学がないとはよく言われたが、いやむしろこの軍官僚は思想や哲学の意味がわからずにひたすら現実の中で二つの選択肢のうちのどちらを選ぶかとばかりに戦争を進めてきたというべきだった。

私が話を聞いた中には、中国人、アメリカ人、ロシア人、イギリス人、オランダ人や東南アジアの国々の人びともまた多かった。もう十年以上も前になるが、タイのバンコクで日本軍による捕虜虐待で亡くなったイギリス人の墓地に赴いたことがある。墓地の脇に当時の新聞記事やイギリス軍の兵士たちの写真を飾ってある、竹藪でつくった小さな資料館があった。そこを見学していると、イギリス人の老夫婦二組がやはりその内部を見学していた。私を中国人とまちがえていたらしく、日本の軍国主義はひどいことをすると言って同意を求めた。私のとまどいを見て、日本人とわかったらしく、夫婦は私のもとを離れていった。

その視線、態度に出会ったとき、いたたまれなくなって私もその場を離れた。このような体験はこれまでも少なくはなかったのだが、私はこのイギリス人老夫婦の憎悪の目が何を語っているかを、そのとき初めて知った。若いときはその憎悪の目に気づかなかったのである。

過去の歴史を現代史の視点で捉え直すという、この試みは週刊誌『サンデー毎日』で続けさせてもらっているが、講談社の現代新書で新書とされるのは、私にはなによりも嬉しい。編集などご尽力いただいた講談社第一事業局次長の中村勝行氏に感謝したい。編集を進めていただいた向井徹氏にも感謝したい。ありがとうございました。

平成三十(二〇一八)年五月

保阪正康

講談社現代新書　2484

昭和の怪物　七つの謎

二〇一八年七月二〇日第一刷発行　二〇一九年四月一五日第一二刷発行

著者　保阪正康

発行者　渡瀬昌彦

発行所　株式会社講談社

東京都文京区音羽二丁目一二—二一　郵便番号一一二—八〇〇一

電話　〇三—五三九五—三五二一　編集（現代新書）
〇三—五三九五—四四一五　販売
〇三—五三九五—三六一五　業務

装幀者　中島英樹

印刷所　凸版印刷株式会社

製本所　株式会社国宝社

定価はカバーに表示してあります　Printed in Japan

落丁本・乱丁本は購入書店名を明記のうえ、小社業務あてにお送りください。
送料小社負担にてお取り替えいたします。
なお、この本についてのお問い合わせは、「現代新書」あてにお願いいたします。

N.D.C. 334.3　277p　18cm
ISBN978-4-06-512339-3

「講談社現代新書」の刊行にあたって

教養は万人が身をもって養い創造すべきものであって、一部の専門家の占有物として、ただ一方的に人々の手もとに配布され伝達されうるものではありません。

しかし、不幸にしてわが国の現状では、教養の重要な養いとなるべき書物は、ほとんど講壇からの天下りや単なる解説に終始し、知識技術を真剣に希求する青少年・学生・一般民衆の根本的な疑問や興味は、けっして十分に答えられ、解きほぐされ、手引きされることがありません。万人の内奥から発した真正の教養への芽ばえが、こうして放置され、むなしく滅びさる運命にゆだねられているのです。

このことは、中・高校だけで教育をおわる人々の成長をはばんでいるだけでなく、大学に進んだり、インテリと目されたりする人々の精神力の健康さえもむしばみ、わが国の文化の実質をまことに脆弱なものにしています。単なる博識以上の根強い思索力・判断力、および確かな技術にささえられた教養を必要とする日本の将来にとって、これは真剣に憂慮されなければならない事態であるといわなければなりません。

わたしたちの「講談社現代新書」は、この事態の克服を意図して計画されたものです。これによってわたしたちは、講壇からの天下りでもなく、単なる解説書でもない、もっぱら万人の魂に生ずる初発的かつ根本的な問題をとらえ、掘り起こし、手引きし、しかも最新の知識への展望を万人に確立させる書物を、新しく世の中に送り出したいと念願しています。

わたしたちは、創業以来民衆を対象とする啓蒙の仕事に専心してきた講談社にとって、これこそもっともふさわしい課題であり、伝統ある出版社としての義務でもあると考えているのです。

一九六四年四月　野間省一